Mikrovlnná Kulinární Magicka

Rychlé a lahodné recepty pro mikrovlnnou troubu

Petra Nováková

Obsah

Dušené hovězí maso a zelenina 15
Dušené hovězí 16
Hovězí maso a zelenina Hot-pot 17
Hovězí kari 18
Základní mleté maso 19
Sekaná zapečená s brambory 20
Tvarohový koláč se sýrem 20
Nasekejte s ovesem 21
Chilli con Carne 21
Curried Mince 22
Hovězí guláš 23
Hovězí guláš s vařenými bramborami 24
Máslové fazole a hovězí guláš s rajčaty 24
Hovězí a rajčatový koláč 25
Hovězí a houbové kebaby 26
Plněné jehněčí 28
Mleté jehněčí kebab 29
Klasické jehněčí kebab 30
Středovýchodní jehněčí s ovocem 31
Vysmívat se Irish Stew 32
Farmářova žena jehněčí kotletky 33
Lamb Hot-pot 33

Jehněčí bochník s mátou a rozmarýnem *34*
Jehněčí Bredie s rajčaty *35*
Jehněčí Biriani *36*
Zdobený Biriani *37*
Musaka *38*
Musaka s bramborami *40*
Rychlá Moussaka *40*
Jehněčí mleté maso *42*
Pastýřský koláč *42*
Venkovská játra v červeném víně *42*
Játra a slanina *43*
Játra a slanina s jablkem *44*
Ledviny na červeném víně s brandy *45*
Srnčí steaky s hlívou ústřičnou a modrým sýrem *47*
Vaření malých těstovin *49*
Čínský salát s nudlemi a houbami s vlašskými ořechy *49*
Pepřové makarony *49*
Rodinný makaronový sýr *50*
Klasický makaronový sýr *52*
Makaronový sýr se Stiltonem *53*
Makaronový sýr se slaninou *53*
Makaronový sýr s rajčaty *53*
Špagety Carbonara *54*
Makaronový sýr ve stylu pizzy *55*
Špagetový krém s jarní cibulkou *56*
Boloňské špagety *57*
Špagety s tureckou boloňskou omáčkou *58*

Špagety s ragú omáčkou 59
Špagety s máslem 60
Těstoviny s česnekem 61
    Špagety s hovězím masem a míchanou zeleninou boloňskou omáčkou 62
Špagety s masovou omáčkou a smetanou 63
Špagety s masovou omáčkou Marsala 63
Těstoviny alla Marinara 64
Těstoviny Matriciana 65
Těstoviny s tuňákem a kapary 66
Těstoviny Napoletana 67
Těstoviny Pizzaiola 68
Těstoviny s hráškem 68
Těstoviny s omáčkou z kuřecích jater 68
Těstoviny s ančovičkami 69
Ravioli s omáčkou 69
Tortellini 70
Lasagne 71
Pizza Napoletana 72
Pizza Margherita 73
Pizza s mořskými plody 73
Pizza Siciliana 73
Houbová pizza 73
Pizza se šunkou a ananasem 74
Pepperoni pizzy 74
Máslové lupínkové mandle 75
Lupané mandle v česnekovém másle 75

Sušené kaštany ... 75
Sušení bylinek ... 76
Křupavá strouhanka ... 77
Ořechové hamburgery ... 78
Nutkin dort ... 79
Pohanka ... 80
bulharština ... 81
Bulhar se smaženou cibulkou ... 82
Tabbouleh ... 83
Sultánův salát ... 84
Kuskus ... 85
Grits ... 86
Gnocchi alla Romana ... 87
Šunkové noky ... 88
Proso ... 89
Polenta ... 90
Polenta na grilu ... 91
Polenta s pestem ... 91
Polenta se sušenými rajčaty nebo olivovou pastou ... 91
Quinoa ... 92
Rumunská Polenta ... 93
Kari rýže ... 94
Tvaroh a rýže kastrol ... 95
Italské rizoto ... 96
Houbové rizoto ... 97
Brazilská rýže ... 97
Španělská rýže ... 98

Obyčejný turecký pilaf 99
Bohatý turecký Pilaf 100
Thajská rýže s citronovou trávou, limetovými listy a kokosem 101
Okra se zelím 102
Červené zelí s jablkem 103
Červené zelí s vínem 105
Norské kyselé zelí 105
Dušená okra na řecký způsob s rajčaty 106
Zelení s rajčaty, cibulí a arašídovým máslem 107
Sladkokyselá smetanová řepa 108
Červená řepa v pomeranči 109
Vroubkovaný celer 110
Celer s holandskou pomerančovou omáčkou 111
Hrnec na zeleninu pro hubnutí 112
Slimmers' Zeleninový hrnec s vejci 112
Ratatouille 113
Karamelizovaný pastinák 114
Pastinák s omáčkou z vajec a máslové drobenky 115
Čokoládové fondue 116
Pomerančové čokoládové fondue 116
Mocha Fondue 117
Fondue z bílé čokolády 117
Fondue Toblerone 117
Královská čokoládová pěna 118
Hrušky holandského typu s čokoládovou Advocaat Mousse 119
Tradiční čokoládová pěna 120
Čokoládově pomerančová pěna 120

Mocha Mousse	121
Čokoládová peprmintová krémová pěna	121
Berlin Air	122
Krémový karamel	123
Pikantní broskve a pomeranče v červeném víně	123
Pikantní hrušky a pomeranče v červeném víně	124
Skladovací skříň Malinová pěna	125
Vaječný pudink, meruňka a sherry drobnost	126
Zkrácený Sherry Trifle	128
Čokoládový krém maličkost	129
Drobnost s piškoty	129
Nadýchané citronové mraky	130
Nadýchané limetkové mraky	131
Jablečný sníh	131
Meruňkový sníh	132
Lemon Meringue Kořeněné hrušky	133
Finský brusinkový bič	134
Brusinkový a pomerančový bič	135
Kissel	136
Domácí jogurt	137
Meruňkové hrnce	138
Prořezávané květináče	139
Třešňové jubileum	140
Plody lesního jubilea	140
Holandské čokoládové poháry	141
Krémové likérové poháry	141
Želé z hroznů a malin	142

Mandarinkové a citronové želé	142
Černý třešňový rýžový krém	143
Banánové štěpky	143
Pikantní švestková pěna	144
Chlazené pomeranče s horkou čokoládovou mátovou omáčkou	145
Letní ovocná plíseň	145
Meloun a meruňkový chill s matnými hrozny	146
Poháry s rebarborou a mandarinkou	147
Poháry s rebarborou a mandarinkou se zázvorovým krémem	148
Čokoládové jahody na ananasovém sorbetu	149
Dánský jablečný koláč	150
Selská dívka se závojem	151
Císařská rýže	152
Dětská ovocná pěna	153
Mousse z malin a černého rybízu	154
Welsh Rarebit	156
Míchaný sýr Rarebit	156
Buck Rarebit	157
Slanina Rarebit	157
Pivo Rarebit	158
Otevřené maďarské salámové sendviče	158
Granola	159
Medová granola	160
Ovesná kaše	161
Slanina	161
Základní bílá omáčka	163
Bešamelová omáčka	164

Kaparová omáčka ... *165*

Sýrová omáčka ... *165*

Mornay omáčka ... *165*

Vaječná omáčka ... *166*

Houbová omáčka ... *166*

Hořčičná omáčka ... *166*

Cibulová omáčka ... *167*

Petrželová omáčka ... *167*

Řeřicha omáčka ... *167*

Nalévání omáčky ... *168*

Omáčka vše v jednom ... *168*

Holandská omáčka ... *169*

Krátká omáčka Béarnaise ... *170*

Maltská omáčka ... *170*

Majonézová omáčka ... *171*

Koktejlová omáčka ... *172*

Louis omáčka ... *172*

Dresink Tisíc ostrovů ... *174*

Zelená omáčka ... *175*

Rémouladová omáčka ... *175*

Tatarská omáčka ... *176*

Dresing ve stylu majonézy bez vajec ... *176*

Mátová omáčka ... *177*

Pomerančová omáčka ... *177*

Želé míchaná bylinková omáčka ... *178*

Želé bylinková omáčka s citronem ... *179*

Salsa ... *179*

Hladká salsa *180*
Extra pálivá salsa *180*
Koriandrová salsa.. *180*
Jablečná omáčka.. *181*
Hnědá jablečná omáčka paní Beetonové *181*
Angreštová omáčka *182*
Salsa s kukuřicí *183*
Rakouská jablečná a křenová omáčka *184*
Česneková omáčka.. *185*
Jablečná a křenová omáčka... *186*
Chlebová omáčka.. *187*
Omáčka z hnědého chleba *188*
Brusinková omáčka... *188*
Brusinková vinná omáčka *189*
Brusinková pomerančová omáčka *189*
Brusinková a jablečná omáčka *189*
Cumberlandská omáčka.. *190*
Slovinská vinná omáčka *191*
Řídká omáčka pro drůbež.. *192*
Hustá omáčka na maso *193*
Krátká orientální omáčka.. *193*
Arašídová omáčka na indonéský způsob *194*
Kreolská omáčka... *195*
Rychlá kreolská omáčka *196*
Newburgská omáčka... *197*
Pikantní hnědá omáčka... *198*
Pikantní omáčka s nakládanými ořechy *199*

Portugalská omáčka 199
Rustikální rajčatová omáčka 201
Omáčka z krůtího kari na brambory v obalu 202
Krůtí omáčka Tandoori na brambory v obalu 203
Horká chilli omáčka z hovězího masa na brambory 203
Chop House Sauce 204
Horká omáčka ze sýra a mrkve pro brambory v obalu 205
Basting omáčky 206
Máslová bašta 206
Pikantní kari baste 207
Mexická Barbecue Baste Jalapeno 207
Rajčatová pomazánka 208
Krém holandský mixér na máslo 210
Holandský krém na máslo s vanilkou 210
Horká čokoládová omáčka 211
Mocha omáčka 211
Horká čokoláda a pomerančová omáčka 212
Horká čokoláda mátová omáčka 212
Malinový Coulis 212
Letní ovocné coulis 213
Meruňkový Coulis 214
Domácí karamelová omáčka 215
Vaječná pudinková omáčka 216
Ochucená vaječná pudinková omáčka 217
Citronový nebo pomerančový pudink 217
Brandy omáčka 217
Rumová omáčka 218

Pomerančová omáčka *218*
Lepkavá toffee omáčka *219*
Omáčka z čerstvých malin *219*
Čokoládová omáčka s medem a rozinkami *220*

Dušené hovězí maso a zelenina

Slouží 4

30 ml/2 lžíce másla nebo margarínu při kuchyňské teplotě
1 velká cibule, nastrouhaná
3 mrkve, nakrájené na tenké plátky
75 g hub, nakrájených na tenké plátky
450 g/1 lb zadní steak, nakrájený na malé kostičky
1 kostka hovězího vývaru
15 ml/1 polévková lžíce hladké (univerzální) mouky
300 ml/½ bodu/1¼ šálku horké vody nebo hovězího vývaru
Čerstvě mletý černý pepř
5 ml/1 lžička soli

Máslo nebo margarín dejte do zapékací misky o průměru 20 cm/8 (holandská trouba). Roztavte při rozmrazování po dobu 45 sekund. Přidejte zeleninu a steak a dobře promíchejte. Vařte odkryté 3 minuty na plný plyn. Rozdrobte kostku vývaru a vmíchejte mouku a horkou vodu nebo vývar. Přesuňte směs k okraji misky, abyste vytvořili prstenec a uprostřed ponechte malou prohlubeň. Posypte pepřem. Zakryjte potravinářskou fólií (igelitovou fólií) a dvakrát ji proříznětě, aby mohla unikat pára. Vařte na plný výkon po dobu 9 minut, jednou pokrm otočte. Nechte 5 minut odstát, poté dochuťte solí a podávejte.

Dušené hovězí

Slouží 4

450 g/1 lb libový steak z dušení, nakrájený na malé kostičky
15 ml/1 polévková lžíce hladké (univerzální) mouky
250 g/9 oz nerozmražené mražené zeleninové dušené maso
300 ml/½ pt/1¼ šálku vroucí vody
1 kostka hovězího vývaru
Čerstvě mletý pepř
2,5–5 ml/½–1 lžičky soli

Vložte steak do zapékací mísy o průměru 23 cm/9 (holandská trouba), ne příliš hluboké. Posypte moukou a poté dobře promíchejte, aby se obalila. Volně rozprostřete do jedné vrstvy. Zeleninu nakrájejte na kousky a poté urovnejte kolem masa. Zakryjte potravinářskou fólií (igelitovou fólií) a dvakrát ji prořízněte, aby mohla unikat pára. Vařte na plný výkon po dobu 15 minut, přičemž pokrm čtyřikrát otočte. Maso zalijeme vodou a rozdrobíme v kostce vývaru. Dochuťte pepřem a důkladně promíchejte. Zakryjte jako předtím, poté vařte na plný 10 minut a třikrát otočte. Nechte 5 minut odstát, poté promíchejte, dochuťte solí a podávejte.

Hovězí maso a zelenina Hot-pot

Slouží 4

450 g/1 lb brambor
2 mrkve
1 velká cibule
450 g/1 lb libový steak z dušení, nakrájený na malé kostičky
1 kostka hovězího vývaru
150 ml/¼ pt/2/3 šálku horkého hovězího nebo zeleninového vývaru
30 ml/2 lžíce másla nebo margarínu

Brambory, mrkev a cibuli nakrájíme na průhledné tenké plátky. Oddělte plátky cibule na kroužky. Důkladně namažte misku 1,75 l/3 body/7½ šálku. Naplňte střídavými vrstvami zeleniny a masa, počínaje a konče bramborami. Zakryjte potravinářskou fólií (igelitovou fólií) a dvakrát ji prořízněte, aby mohla unikat pára. Vařte na plný výkon po dobu 15 minut a třikrát otočte. Kostku vývaru rozdrobte do horkého vývaru a míchejte, dokud se nerozpustí. Jemně nalijte po straně misky tak, aby protékala masem a zeleninou. Navrch dejte vločky másla nebo margarínu. Zakryjte jako předtím a vařte na plný 15 minut, třikrát otočte. Nechte 5 minut odstát. Pokud chcete, opékejte na rozpáleném grilu (brojler).

Hovězí kari

Podává 4–5

Poangličtěná verze středně pálivého kari. Podávejte s basmati rýží a sambals (přílohami) z bílého jogurtu, nakrájenou okurkou posypanou nasekaným čerstvým koriandrem (koriandrem) a chutney.

450 g/1 lb libové dušené hovězí maso nakrájené na malé kostičky

2 cibule, nakrájené

2 stroužky česneku, rozdrcené

15 ml/1 polévková lžíce slunečnicového nebo kukuřičného oleje

30 ml/2 polévkové lžíce horkého kari

30 ml/2 lžíce rajčatového protlaku (pasta)

15 ml/1 polévková lžíce hladké (univerzální) mouky

4 zelené lusky kardamomu

15 ml/1 polévková lžíce garam masala

450 ml/¾ pt/2 šálky horké vody

5 ml/1 lžička soli

Maso rozložte v jedné vrstvě do hluboké misky o průměru 25 cm/10. Přikryjeme talířem a za 2x promícháme 15 minut na plný plyn. Mezitím na oleji v pánvi na středním plameni opečte (zpěňte) cibuli a česnek obvyklým způsobem do zlatova. Vmícháme kari, rajčatový protlak, mouku, lusky kardamomu a garam masalu a postupně vmícháme horkou vodu. Vařte, míchejte, dokud směs nepřijde k varu a nezhoustne. Vyjměte misku s masem z mikrovlnné trouby a vmíchejte obsah pánve. Zakryjte potravinářskou fólií (igelitovou fólií) a dvakrát ji prořízněte, aby mohla unikat pára. Vařte na plný výkon 10 minut, dvakrát otočte. Před podáváním nechte 5 minut odstát.

Základní mleté maso

Slouží 4

450 g/1 lb/4 šálky libového mletého (mletého) hovězího masa
1 cibule, nastrouhaná
30 ml/2 lžíce hladké (univerzální) mouky
450 ml/¾ pt/2 šálky horké vody
1 kostka hovězího vývaru
5 ml/1 lžička soli

Vložte maso do hluboké nádoby o průměru 20 cm/8. Vidličkou důkladně promícháme cibuli a mouku. Vařte odkryté 5 minut na plný výkon. Maso rozdrobíme vidličkou. Přidejte vodu a rozdrobte v kostce vývaru. Dobře promíchejte, aby se promíchalo. Zakryjte potravinářskou fólií (igelitovou fólií) a dvakrát ji prořízněte, aby mohla unikat pára. Vařte na plný výkon po dobu 15 minut, přičemž pokrm čtyřikrát otočte. Nechte 4 minuty odstát. Před podáváním přidejte sůl a promíchejte.

Sekaná zapečená s bramborem

Slouží 4

1 množství základního mletého masa
675 g/1½ lb čerstvě uvařených brambor
30 ml/2 lžíce másla nebo margarínu
60–90 ml/4–6 lžic horkého mléka

Základní mlýnek ochlaďte na vlažnou a přeneste do vymaštěné koláčové formy o objemu 1 litr/1¾ pt/4¼ šálku. Brambory utřeme s máslem nebo margarínem a dostatečným množstvím mléka, aby vznikla lehká a nadýchaná kaše. Masovou směs potřete nebo hladce rozetřete a poté rozdrťte vidličkou. Znovu zahřívejte, odkryté, na plný po dobu 3 minut. Případně opékejte pod rozpáleným grilem (brojler).

Tvarohový koláč se sýrem

Slouží 4

Připravte jako Cottage Pie, ale po smetaně s máslem a horkým mlékem přidejte k bramborám 50–75 g/2–3 oz/½–¾ šálku strouhaného sýra Cheddar.

Nasekejte s ovesem

Slouží 4

Připravte jako Basic Mince, ale přidejte 1 nastrouhanou mrkev s cibulí. Nahraďte mouku 25 g/1 oz/½ šálku ovesné kaše. Vařte poprvé 7 minut.

Chilli con Carne

Podává 4–5

450 g/1 lb/4 šálky libového mletého (mletého) hovězího masa
1 cibule, nastrouhaná
2 stroužky česneku, rozdrcené
5–20 ml/1–4 lžičky chilli koření
400 g/14 oz/1 velká plechovka nakrájených rajčat
5 ml/1 lžička worcesterské omáčky
400 g/14 oz/1 velká plechovka červené fazole, scezené
5 ml/1 lžička soli
Brambory nebo vařená rýže k podávání

Hovězí maso vložte do zapékací mísy o průměru 23 cm/9 (holandská trouba). Vidličkou promíchejte cibuli a česnek. Vařte odkryté 5 minut na plný výkon. Maso rozdrobíme vidličkou. Zapracujte všechny zbývající ingredience kromě soli. Zakryjte potravinářskou fólií (igelitovou fólií) a dvakrát ji prořízněte, aby mohla unikat pára. Vařte na plný výkon po dobu 15 minut a třikrát otočte. Nechte 4 minuty odstát. Před podáváním s bramborami ve slupce nebo vařenou rýží dochuťte solí.

Curried Mince

Slouží 4

2 cibule, nastrouhané
2 stroužky česneku, rozdrcené
450 g/1 lb/4 šálky libového mletého (mletého) hovězího masa
15 ml/1 polévková lžíce hladké (univerzální) mouky
5–10 ml/1–2 polévkové lžíce jemného kari
30 ml/2 lžíce ovocného chutney
60 ml/4 lžíce rajčatového protlaku (pasta)
300 ml/½ pt/1¼ šálku vroucí vody
1 kostka hovězího vývaru
Sůl a čerstvě mletý černý pepř

Rozmačkejte cibuli, česnek a hovězí maso. Rozložte do zapékací misky o průměru 20 cm/8 (holandská trouba). Kolem okraje misky vytvarujte kroužek a uprostřed nechte malou prohlubeň. Přikryjeme talířem a vaříme na plný výkon 5 minut. Rozejít se vidličkou. Zapracujte mouku, kari, chutney a rajčatový protlak. Postupně vmíchejte vodu a poté rozdrobte v kostce vývaru. Zakryjte potravinářskou fólií (igelitovou fólií) a dvakrát ji prořízněte, aby mohla unikat pára. Vařte na plný výkon po dobu 15 minut a třikrát otočte. Nechte 4 minuty odstát. Podle chuti okořeníme, poté promícháme a podáváme.

Hovězí guláš

Slouží 6

40 g/1½ unce/3 lžíce másla, margarínu nebo sádla
675 g/1½ lb steak na dušení, nakrájený na malé kostičky
2 velké cibule, nastrouhané
1 středně zelená paprika, zbavená semínek a nakrájená na jemné kostičky
2 stroužky česneku, rozdrcené
4 rajčata, blanšírovaná, oloupaná a nakrájená
45 ml/3 lžíce rajčatového protlaku (pasta)
15 ml/1 lžička papriky
5 ml/1 lžička kmínu
5 ml/1 lžička soli
300 ml/½ pt/1¼ šálku vroucí vody
150 ml/¼ pt/2/3 šálku zakysané (mléčné zakysané) smetany

Vložte tuk do misky o objemu 1,75 l/3 pt/7½ šálku. Roztavte, odkryté, na plný po dobu 1 minuty. Vmícháme maso, cibuli, papriku a česnek. Zakryjte potravinářskou fólií (igelitovou fólií) a dvakrát ji prořízněte, aby mohla unikat pára. Vařte na plný výkon po dobu 15 minut, přičemž pokrm čtyřikrát otočte. Odkryjeme a vmícháme rajčata, rajčatový protlak, papriku a kmín. Zakryjte jako předtím a vařte na plný 15 minut, přičemž pokrm čtyřikrát otočte. Dochuťte solí a jemně vmíchejte do vroucí vody. Nalijte do hlubokých talířů a každý bohatě potřete smetanou.

Hovězí guláš s vařenými bramborami

Slouží 6

Připravte jako na Hovězí guláš, ale vynechte smetanu a na každou porci přidejte 2–3 celé vařené brambory.

Máslové fazole a hovězí guláš s rajčaty

Slouží 6

425 g/15 oz/1 velká plechovka máslových fazolí
275 g/10 oz/1 plechovka rajčatová polévka
30 ml/2 lžíce sušené cibule
6 plátků dušeného steaku, každý asi 125 g/4 oz, naklepaných na plocho
Sůl a čerstvě mletý černý pepř

Fazole, polévku a cibuli smíchejte v kastrolu o průměru 20 cm/8 (holandská trouba). Přikryjte talířem a vařte na plný 6 minut, třikrát promíchejte. Rozložte steaky kolem okraje misky. Zakryjte potravinářskou fólií (igelitovou fólií) a dvakrát ji prořízněte, aby mohla unikat pára. Vařte na plný výkon po dobu 17 minut, přičemž pokrm třikrát otočte. Nechte 5 minut odstát. Před podáváním odkryjeme a dochutíme.

Hovězí a rajčatový koláč

Podává 2–3

275 g/10 oz/2½ šálku mletého (mletého) hovězího masa
30 ml/2 lžíce hladké (univerzální) mouky
1 vejce
5 ml/1 lžička cibulového prášku
150 ml/¼ pt/2/3 šálku rajčatové šťávy
5 ml/1 lžička sójové omáčky
5 ml/1 lžička sušeného oregana
Vařené těstoviny, k podávání

Oválnou koláčovou formu o objemu 900 ml/1½ bodu/3¾ šálku důkladně vymažte tukem. Hovězí maso smícháme se všemi zbývajícími ingrediencemi a hladce rozetřeme do misky. Zakryjte potravinářskou fólií (igelitovou fólií) a dvakrát ji prořízněte, aby mohla unikat pára. Vařte na plný výkon 7 minut, dvakrát otočte. Nechte 5 minut odstát. Nakrájejte na dvě nebo tři porce a podávejte horké s těstovinami.

Hovězí a houbové kebaby

Slouží 4

24 čerstvých nebo sušených bobkových listů
½ červené papriky, nakrájené na malé čtverečky
½ zelené papriky nakrájené na malé čtverečky
750 g/1½ lb grilovaný steak, oříznutý a nakrájený na 2,5 cm/1 kostky
175 g/6 oz žampiony
50 g/2 oz/¼ šálku másla nebo margarínu, při kuchyňské teplotě
5 ml/1 lžička papriky
5 ml/1 lžička worcesterské omáčky
1 stroužek česneku, rozdrcený
175 g/6 oz/1½ šálku rýže, vařené

Pokud používáte sušené bobkové listy, vložte je do malé misky, přidejte 90 ml/6 polévkových lžic vody a přikryjte podšálkem. Zahřívejte na plný 2 minuty, aby změkla. Paprikové čtverečky vložíme do misky a jen podlijeme vodou. Přikryjeme talířem a zahříváme na Full 1 minutu, aby změkla. Papriky a bobkové listy sceďte. Hovězí maso, žampiony, paprikové čtverečky a bobkové listy napíchněte na dvanáct 10 cm/4 dřevěnými špejlemi. Uspořádejte kebaby jako paprsky kola do hluboké misky o průměru 25 cm/10. Máslo nebo margarín, papriku, worcesterskou omáčku a česnek dejte do misky a odkryté zahřívejte na plný výkon po dobu 1 minuty. Kartáčujte kebab. Vařte odkryté po dobu 8 minut na plný a čtyřikrát otočte. Kebab opatrně otočte a potřete zbytkem máslové směsi. Vařte na plný výkon další 4 minuty, dvakrát otočte. Uspořádejte na rýžové lůžko a pokapejte šťávou z misky. Povolte tři kebaby na osobu.

Plněné jehněčí

Slouží 4

Tady trochu blízkovýchodní přístup. Jehněčí podávejte s teplým chlebem pitta a zeleným salátem posypaným olivami a kapary.

4 kusy jehněčího krku, asi 15 cm/6 na délku a 675 g/½ lb každý
3 velké plátky bílého chleba s kůrkou, nakrájené na kostky
1 cibule, nakrájená na 6 měsíčků
45 ml/3 lžíce pražených piniových oříšků
30 ml/2 lžíce rybízu
2,5 ml/½ lžičky soli
150 g hustého bílého řeckého jogurtu
Mletá skořice
8 knoflíkových hub
15 ml/1 polévková lžíce olivového oleje

Ořízněte tuk z jehněčího masa. V každém kusu udělejte podélný řez, dejte pozor, abyste neprořízli maso. Kostky chleba a kousky cibule umelte společně v kuchyňském robotu nebo mixéru. Vyškrábněte do mísy a vmíchejte piniové oříšky, rybíz a sůl. Stejné množství rozetřete na jehněčí kousky a zajistěte dřevěnými koktejlovými tyčinkami (párátka). Uspořádejte do čtverce v hluboké misce o průměru 25 cm/10. Potřeme veškerým jogurtem a popráším lehce skořicí. Nahodíme houbami a potřeme olejem. Zakryjte potravinářskou fólií (igelitovou fólií) a dvakrát ji prořízněte, aby mohla unikat pára. Vařte na plný výkon po dobu 16 minut, přičemž pokrm čtyřikrát otočte. Nechte 5 minut odstát a poté podávejte.

Mleté jehněčí kebab

Slouží 6

900 g / 2 lb krk jehněčího filetu, upravený
12 velkých lístků máty
60 ml/4 lžíce hustého bílého jogurtu
60 ml/4 lžíce rajčatového kečupu (catsup)
1 stroužek česneku, rozdrcený
5 ml/1 lžička worcesterské omáčky
6 ohřátých pitta chlebů
Listy salátu, plátky rajčat a okurky

Maso nakrájejte na kostky 2,5 cm/1. Navlékněte na šest dřevěných špejlí střídavě s lístky máty. Uspořádejte jako paprsky kola do hluboké misky o průměru 25 cm/10. Důkladně smíchejte jogurt, kečup, česnek a worcesterskou omáčku a polovinou směsi potřete kebab. Vařte odkryté 8 minut na plný a dvakrát otočte. Kebab otočte a potřete zbylou náplní. Vařte na plný výkon dalších 8 minut, dvakrát otočte. Nechte 5 minut odstát. Chléb pitta krátce zahřejte na grilu (brojler), dokud se nenafoukne, a poté nakrájejte podél dlouhého okraje, abyste vytvořili kapsu. Vyjměte maso ze špízů a vyhoďte bobkové listy. Do pittas zabalte jehněčí maso a ke každému přidejte pořádnou porci salátu.

Klasické jehněčí kebab

Slouží 6

900 g / 2 lb krk jehněčího filetu, upravený
12 velkých lístků máty
30 ml/2 lžíce másla nebo margarínu
5 ml/1 lžička česnekové soli
5 ml/1 lžička worcesterské omáčky
5 ml/1 lžička sójové omáčky
2,5 ml/½ lžičky papriky
6 ohřátých pitta chlebů
Listy salátu, plátky rajčat a okurky

Maso nakrájejte na kostky 2,5 cm/1. Navlékněte na šest dřevěných špejlí střídavě s lístky máty. Uspořádejte jako paprsky kola do hluboké misky o průměru 25 cm/10. Máslo nebo margarín rozpusťte na Full po dobu 1 minuty, poté přidejte česnekovou sůl, worcesterskou omáčku, sójovou omáčku a papriku a důkladně promíchejte. Polovinou směsi potřete kebab. Vařte odkryté 8 minut na plný a dvakrát otočte. Kebab otočte a potřete zbylou náplní. Vařte na plný výkon dalších 8 minut, dvakrát otočte. Nechte 5 minut odstát. Chléb pitta krátce zahřejte na grilu (brojler), dokud se nenafoukne, a poté nakrájejte podél dlouhého okraje, abyste vytvořili kapsu. Vyjměte maso ze špízů a vyhoďte bobkové listy. Do pittas zabalte jehněčí maso a ke každému přidejte pořádnou porci salátu.

Středovýchodní jehněčí s ovocem

Podává 4–6

Tento jemně kořeněný a ovocný jehněčí pokrm se vyznačuje nenápadnou elegancí, umocněnou obalem z pražených piniových oříšků a plátkových mandlí. Podáváme s jogurtem a máslovou rýží.

675 g/1½ lb vykostěné jehněčí maso, co nejlibovější
5 ml/1 lžička mleté skořice
2,5 ml/½ lžičky mletého hřebíčku
30 ml/2 polévkové lžíce světle měkkého hnědého cukru
1 cibule, nakrájená
30 ml/2 lžíce citronové šťávy
10 ml/2 lžičky kukuřičné mouky (kukuřičný škrob)
15 ml/1 polévková lžíce studené vody
7,5–10 ml/1½–2 lžičky soli
400 g/14 oz/1 velká plechovka plátky broskví v přírodní nebo jablečné šťávě, okapané
30 ml/2 lžíce pražených piniových oříšků
30 ml/2 polévkové lžíce loupaných (nakrájených) mandlí

Jehněčí maso nakrájíme na malé kostičky. Vložte do zapékací misky o objemu 1,75 l/3 body/7½ šálku (holandská trouba). Smíchejte koření, cukr, cibuli a citronovou šťávu a přidejte do pokrmu. Přikryjeme talířem a vaříme na plný 5 minut, poté necháme 5 minut odstát. Opakujte třikrát, pokaždé dobře promíchejte. Smíchejte kukuřičnou mouku a vodu, abyste vytvořili hladkou pastu. Slijte tekutinu z jehněčího masa a přidejte směs kukuřičné mouky a sůl. Nalijte na jehněčí maso a dobře promíchejte, aby se promíchalo. Vařte odkryté 2 minuty na plný výkon. Vmícháme plátky broskve a odkryté vaříme na plný výkon další 1½ minuty. Posypte piniovými oříšky a mandlemi a podávejte.

Vysmívat se Irish Stew

Slouží 4

675 g/1½ lb kostky dušeného jehněčího
2 velké cibule, nahrubo nastrouhané
450 g/1 lb brambor, nakrájených nadrobno
300 ml/½ pt/1¼ šálku vroucí vody
5 ml/1 lžička soli
45 ml/3 lžíce nasekané petrželky

Z jehněčího masa odstraňte přebytečný tuk. Vložte maso a zeleninu v jedné vrstvě do hluboké nádoby o průměru 25 cm/10. Zakryjte potravinářskou fólií (igelitovou fólií) a dvakrát ji prořízněte, aby mohla unikat pára. Vařte na plný výkon po dobu 15 minut, dvakrát otočte. Smíchejte vodu a sůl a nalijte na maso a zeleninu, důkladně promíchejte, aby se spojily. Zakryjte jako předtím a vařte na plný 20 minut, třikrát otočte. Nechte 10 minut odstát. Před podáváním odkryjeme a posypeme petrželkou.

Farmářova žena jehněčí kotletky

Slouží 4

3 studené vařené brambory, nakrájené na tenké plátky
3 studené vařené mrkve, nakrájené na tenké plátky
4 libové jehněčí kotlety, každá 150 g/5 oz
1 malá cibule, nastrouhaná
1 vařené (koláčové) jablko, oloupané a nastrouhané
30 ml/2 lžíce jablečné šťávy
Sůl a čerstvě mletý černý pepř
15 ml/1 polévková lžíce másla nebo margarínu

Plátky brambor a mrkve rozložte v jedné vrstvě na dno hluboké misky o průměru 20 cm/8. Navrch naaranžujte kotlety. Přisypeme cibuli a jablko a zalijeme šťávou. Dochuťte podle chuti a posypte vločkami másla nebo margarínu. Zakryjte potravinářskou fólií (igelitovou fólií) a dvakrát ji prořízněte, aby mohla unikat pára. Vařte na plný výkon po dobu 15 minut, dvakrát otočte. Před podáváním nechte 5 minut odstát.

Lamb Hot-pot

Slouží 4

675 g/1 ½ lb brambor, nakrájených na velmi tenké plátky
2 cibule, nakrájené na velmi tenké plátky
3 mrkve, nakrájené na velmi tenké plátky
2 velké řapíky celeru, nakrájené šikmo na tenké proužky
8 nejlepších jehněčích kotlet z krku, celkem asi 1 kg/2 lb
1 kostka hovězího vývaru
300 ml/½ pt/1 ¼ šálku vroucí vody
5 ml/1 lžička soli
25 ml/1 ½ lžíce rozpuštěného másla nebo margarínu

Polovinu připravené zeleniny rozložte ve vrstvách do lehce vymazané zapékací misky o objemu 2,25 l/4 pt/10 šálků (holandská trouba). Nahoru položte kotlety a zakryjte zbylou zeleninou. Zakryjte potravinářskou fólií (igelitovou fólií) a dvakrát ji prořízněte, aby mohla unikat pára. Vařte na plný výkon po dobu 15 minut a třikrát otočte. Vyjměte z mikrovlnné trouby a odkryjte. Kostku vývaru rozdrobte ve vodě a přidejte sůl. Jemně nalijte po straně kastrolu. Navrch nakapeme máslo nebo margarín. Zakryjte jako předtím a vařte na plný 15 minut. Před podáváním nechte 6 minut odstát.

Jehněčí bochník s mátou a rozmarýnem

Slouží 4

450 g/1 lb/4 šálky mletého (mletého) jehněčího

1 stroužek česneku, rozdrcený

2,5 ml/½ lžičky sušeného drceného rozmarýnu

2,5 ml/½ lžičky sušené máty

30 ml/2 lžíce hladké (univerzální) mouky

2 velká vejce, rozšlehaná

2,5 ml/½ lžičky soli

5 ml/1 lžička hnědé stolní omáčky

Strouhaný muškátový oříšek

Oválnou koláčovou formu 900 ml/1½ bodu/3¾ šálku lehce vymažte tukem. Všechny ingredience kromě muškátového oříšku smícháme a hladce rozetřeme do misky. Zakryjte potravinářskou fólií (igelitovou fólií) a dvakrát ji prořízněte, aby mohla unikat pára. Vařte na plný výkon po dobu 8 minut, dvakrát otočte. Nechte 4 minuty odstát, poté odkryjte a posypte muškátovým oříškem. Nakrájejte na porce k podávání.

Jehněčí Bredie s rajčaty

Slouží 6

Připravte jako Chicken Bredie s rajčaty, ale kuře nahraďte vykostěným a nahrubo nakrájeným jehněčím.

Jehněčí Biriani

Podává 4–6

5 lusků kardamomu

30 ml/2 lžíce slunečnicového oleje

450 g/1 lb oříznutý krk jehněčího filé, nakrájený na malé kostičky

2 stroužky česneku, rozdrcené

20 ml/4 lžičky garam masala

225 g/8 oz/1 ¼ šálku snadno uvařená dlouhozrnná rýže

600 ml/1 bod/2½ šálku horkého kuřecího vývaru

10 ml/2 lžičky soli

125 g/4 oz/1 šálek plátkových (nakrájených) mandlí, pražených

Rozdělte lusky kardamomu, abyste odstranili semínka, pak semena rozdrťte paličkou a hmoždířem. Zahřívejte olej v 1,5l/3pt/7½ šálku kastrolu (holandská trouba) na plný výkon po dobu 1,5 minuty. Přidejte jehněčí maso, česnek, kardamomová semínka a garam masalu. Dobře promíchejte, poté urovnejte kolem okraje misky a uprostřed nechte malou prohlubeň. Zakryjte potravinářskou fólií (igelitovou fólií) a dvakrát ji prořízněte, aby mohla unikat pára. Vařte na plný výkon 10 minut. Odkryjeme a vmícháme rýži, vývar a sůl. Zakryjte jako předtím a vařte na plný 15 minut. Nechte 3 minuty odstát, poté přendejte na nahřáté talíře a každou porci posypte mandlemi.

Zdobený Biriani

Podává 4–6

Připravte jako jehněčí biriani, ale biriani naaranžujte na rozehřátou servírovací mísu a ozdobte nakrájenými natvrdo vařenými vejci, kolečky rajčat, lístky koriandru (koriandrem) a osmaženou (opraženou) nakrájenou cibulí.

Musaka

Podává 6–8

Příprava této vícevrstvé řecké klasiky na bázi jehněčího vyžaduje trochu trpělivosti, ale výsledky stojí za námahu. Pošírované plátky lilku (lilku) to činí méně bohatým a snáze stravitelným než některé verze.

Pro vrstvy lilku:
675 g/1½ lb lilku
75 ml/5 lžic horké vody
5 ml/1 lžička soli
15 ml/1 polévková lžíce čerstvé citronové šťávy

Pro masové vrstvy:
40 g/1½ unce/3 lžíce másla, margarínu nebo olivového oleje
2 cibule, nakrájené nadrobno
1 stroužek česneku, rozdrcený
350 g/12 oz/3 šálky za studena vařené mleté (mleté) jehněčí maso
125 g/4 oz/2 šálky čerstvé bílé strouhanky
Sůl a čerstvě mletý černý pepř
4 rajčata, blanšírovaná, zbavená kůže a nakrájená na plátky

Na omáčku:
425 ml/¾ bodu/nedostatek 2 šálky plnotučného mléka
40 g/1½ unce/3 lžíce másla nebo margarínu
45 ml/3 lžíce hladké (univerzální) mouky
75 g/3 oz/¾ šálku sýra Cheddar, strouhaný
1 žloutek

Musaka s bramborami

Podává 6–8

Připravte jako u Musaky, ale lilky (lilky) nahraďte nakrájenými vařenými bramborami.

Rychlá Moussaka

Podává 3–4

Rychlá alternativa s přijatelnou chutí a texturou.

1 lilek (lilek), asi 225 g/8 oz
15 ml/1 polévková lžíce studené vody
300 ml/½ bodu/1¼ šálku studeného mléka
300 ml/½ pt/1¼ šálku vody
1 balíček instantní bramborové kaše k podávání 4
225 g/8 oz/2 šálky za studena vařené mleté (mleté) jehněčí maso
5 ml/1 lžička sušené majoránky
5 ml/1 lžička soli
2 stroužky česneku, rozdrcené
3 rajčata, blanšírovaná, zbavená kůže a nakrájená na plátky
150 ml/¼ pt/2/3 šálku hustého bílého řeckého jogurtu
1 vejce
Sůl a čerstvě mletý černý pepř
50 g/2 oz/½ šálku sýra Cheddar, strouhaného

Lilek navrchu a ocasem a podélně rozpůlit. Umístěte do mělké misky, seříznutými stranami nahoru a pokropte studenou vodou. Zakryjte potravinářskou fólií (igelitovou fólií) a dvakrát ji prořízněte, aby mohla unikat pára. Vařte na plný výkon 5½–6 minut do změknutí. Nechte 2 minuty odstát, poté sceďte. Do mísy nalijte mléko a vodu a vmíchejte sušené brambory. Přikryjeme talířem a 6 minut vaříme na plný výkon. Dobře promíchejte, poté vmíchejte jehněčí maso, majoránku, sůl a česnek. Nakrájejte neoloupaný lilek. Střídavě naaranžujte vrstvy plátků lilku a bramborovou směs do 2,25 l/4 pt/10 šálků vymazané zapékací mísy (holandská trouba) a použijte polovinu plátků rajčat k vytvoření „sendvičové náplně" uprostřed. Zakryjte zbývajícími plátky rajčat. Jogurt a vejce smícháme a dochutíme. Nakrájejte na rajčata a posypte sýrem. Zakryjte potravinářskou fólií jako předtím. Vařte na plný výkon 7 minut. Před podáváním odkryjte a opékejte pod rozpáleným grilem (brojlerem).

Jehněčí mleté maso

Slouží 4

Připravte jako u Basic Mince, ale místo mletého hovězího masa nahraďte mleté (mleté) jehněčí.

Pastýřský koláč

Slouží 4

Připravte jako Basic Mince, ale nahraďte hovězí mleté jehněčí maso. Ochlaďte do vlažného stavu a poté přeneste do vymazané koláčové formy o objemu 1 litr/1¾ bodu/4½ šálku. Navrch dejte 750 g/1½ lb horké bramborové kaše zapečené s 15–30 ml/1–2 lžícemi másla nebo margarínu a 60 ml/4 lžícemi horkého mléka. Dobře dochutíme solí a čerstvě mletým černým pepřem. Rozprostřete na masovou směs a poté rozdrťte vidličkou. Zahřejte odkryté, na plný 2–3 minuty nebo opékejte na rozpáleném grilu (brojler).

Venkovská játra v červeném víně

Slouží 4

25 g/1 oz/2 lžíce másla nebo margarínu
2 cibule, nastrouhané
450 g/1 lb jehněčích jater, nakrájených na úzké proužky
15 ml/1 polévková lžíce hladké (univerzální) mouky
300 ml/½ pt/1¼ šálku červeného vína
15 ml/1 polévková lžíce tmavě hnědého cukru
1 kostka hovězího vývaru, rozdrobená
30 ml/2 lžíce nasekané petrželky
Sůl a čerstvě mletý černý pepř
Vařené brambory na másle a lehce uvařené krouhané zelí, k podávání

Máslo nebo margarín dejte do hluboké misky o průměru 25 cm/10. Roztavte, odkryté, na rozmrazování po dobu 2 minut. Vmícháme cibuli a játra. Přikryjeme talířem a 5 minut vaříme na plný výkon. Smíchejte všechny zbývající ingredience kromě soli a pepře. Přikryjeme talířem a za 2x promícháme 6 minut na plný plyn. Nechte 3 minuty odstát. Dochutíme a podáváme s vařenými bramborami na másle a zelím.

Játra a slanina

Podává 4–6

2 cibule, nastrouhané
8 plátků slaniny, hrubě nasekaných

450 g/1 lb jehněčích jater, nakrájených na malé kostičky
45 ml/3 lžíce kukuřičné mouky (kukuřičný škrob)
60 ml/4 polévkové lžíce studené vody
150 ml/¼ pt/2/3 šálku vroucí vody
Sůl a čerstvě mletý černý pepř

Vložte cibuli a slaninu do zapékací misky o objemu 1,75 l/3 pt/7½ šálku (holandská trouba). Vařte bez pokličky na plný výkon 7 minut a dvakrát promíchejte. Vmícháme játra. Přikryjeme talířem a 3x promícháme na 8 minut. Smíchejte kukuřičnou mouku se studenou vodou a vytvořte hladkou pastu. Vmícháme do jater a cibule, poté postupně vmícháme do vroucí vody. Přikryjte talířem a vařte na plný 6 minut, třikrát promíchejte. Nechte 4 minuty odstát. Podle chuti okoříme a podáváme.

Játra a slanina s jablkem

Podává 4–6

Připravte jako játra a slaninu, ale nahraďte 1 jedlé (dezertní) jablko, oloupané a nastrouhané, za jednu z cibule. Polovinu vařící vody nahraďte jablečným džusem pokojové teploty.

Ledviny na červeném víně s brandy

Slouží 4

6 jehněčích ledvin
30 ml/2 lžíce másla nebo margarínu
1 cibule, nakrájená nadrobno
30 ml/2 lžíce hladké (univerzální) mouky

150 ml/¼ pt/2/3 šálku suchého červeného vína
2 kostky hovězího vývaru
50 g žampionů nakrájených na plátky
10 ml/2 lžičky rajčatového protlaku (pasta)
2,5 ml/½ lžičky papriky
2,5 ml/½ lžičky hořčičného prášku
30 ml/2 lžíce nasekané petrželky
30 ml/2 lžíce brandy

Ledviny oloupeme a rozpůlíme, poté vyřízneme a ostrým nožem vyhodíme jádřince. Nakrájejte velmi tence. Polovinu másla rozpusťte odkrytou v rozmrazovacím režimu po dobu 1 minuty. Vmícháme ledvinky a dáme stranou. Zbývající máslo a cibuli dejte do misky o objemu 1,5 litru/2½ bodu/6 šálků. Vařte odkryté 2 minuty na plný výkon a jednou promíchejte. Vmícháme mouku, poté víno. Vařte odkryté 3 minuty na plný výkon a každou minutu zprudka promíchejte. Rozdrobte kostky vývaru, poté vmíchejte houby, rajčatový protlak, papriku, hořčici a ledvinky s máslem nebo margarínem. Důkladně promíchejte. Zakryjte potravinářskou fólií (igelitovou fólií) a dvakrát ji prořízněte, aby mohla unikat pára. Vařte na plný výkon po dobu 5 minut, jednou pokrm otočte. Nechte 3 minuty odstát, poté odkryjte a posypte petrželkou. Zahřejte brandy v šálku na Full po dobu 10–15 sekund. Zalijeme ledvinovou směsí a zapálíme. Podávejte, když plameny utichnou.

Srnčí steaky s hlívou ústřičnou a modrým sýrem

Slouží 4

Sůl a čerstvě mletý černý pepř
8 malých srnčích steaků

5 ml/1 lžička jalovcových bobulí, drcených

5 ml/1 lžička provensálských bylinek

30 ml/2 lžíce olivového oleje

300 ml/½ pt/1¼ šálku suchého červeného vína

60 ml/4 polévkové lžíce bohatého hovězího vývaru

60 ml/4 polévkové lžíce ginu

1 cibule, nakrájená

225 g hlívy ústřičné, oříznuté a nakrájené na plátky

250 ml/8 fl oz/1 šálek jednoduché (světlé) smetany

30 ml/2 lžíce želé z červeného rybízu (čirá konzerva)

60 ml/4 lžíce plísňového sýra, rozdrobený

30 ml/2 lžíce nasekané petrželky

Zvěřinu okořeňte podle chuti, poté zapracujte bobule jalovce a provensálské bylinky. V pekáčku rozehřejte olej na 2 minuty na plný výkon. Přidejte steaky a opékejte odkryté 3 minuty na plný výkon, jednou otočte. Přidejte víno, vývar, gin, cibuli, houby, smetanu a želé z červeného rybízu. Zakryjte potravinářskou fólií (igelitovou fólií) a dvakrát ji prořízněte, aby mohla unikat pára. Vařte na středním po dobu 25 minut, přičemž pokrm čtyřikrát otočte. Vmícháme sýr. Přikryjeme žáruvzdorným talířem a 2 minuty vaříme na plný výkon. Nechte 3 minuty odstát, poté odkryjte a podávejte ozdobené petrželkou.

.

Vaření malých těstovin

Postupujte podle pokynů pro vaření velkých těstovin, ale vařte pouze 4–5 minut. Přikryjte a nechte 3 minuty stát, poté sceďte a podávejte.

Čínský salát s nudlemi a houbami s vlašskými ořechy

Slouží 6

30 ml/2 lžíce sezamového oleje
175 g žampionů, nakrájených na plátky
250 g vaječné nudle s nití
7,5 ml/1½ lžičky soli
75 g/3 oz/¾ šálku nasekaných vlašských ořechů
5 jarních cibulek (cibulky), nakrájených
30 ml/2 lžíce sójové omáčky

Zahřejte olej odkrytý v režimu rozmrazování po dobu 2½ minuty. Přidejte houby. Přikryjeme talířem a za 2x promícháme 3 minuty na plný plyn. Dát stranou. Vložte nudle do velké mísy a přidejte tolik vroucí vody, aby byla 5 cm/2 nad úrovní těstovin. Vmíchejte sůl. Vařte odkryté 4–5 minut na plno, dokud nudle nenabobtnají a nezměknou. Sceďte a nechte vychladnout. Vmícháme zbývající ingredience včetně hub a dobře promícháme.

Pepřové makarony

Slouží 2

300 ml/½ pt/1¼ šálku rajčatové šťávy

125 g/4 oz/1 šálek loketních makaronů

5 ml/1 lžička soli

30 ml/2 lžíce bílého vína, zahřáté

1 malá červená nebo zelená paprika, zbavená semínek a nakrájená

45 ml/3 lžíce olivového oleje

75 g/3 oz/¾ šálku sýra Gruyère (švýcarský) nebo ementál, strouhaný

30 ml/2 lžíce nasekané petrželky

Nalijte rajčatovou šťávu do misky o objemu 1,25 litru/2¼ pt/5½ šálku. Přikryjte talířem a zahřívejte na plný 3½–4 minuty, dokud nebude velmi horký a bublající. Vmíchejte všechny zbývající ingredience kromě sýra a petrželky. Zakryjte jako předtím a vařte na plný 10 minut, dvakrát promíchejte. Nechte 5 minut odstát. Posypeme sýrem a petrželkou. Odkryté prohřívejte na plný asi 1 minutu, dokud se sýr nerozpustí.

Rodinný makaronový sýr

Podává 6–7

Pro větší pohodlí je tento recept určen pro velké rodinné jídlo, ale případné zbytky lze po částech ohřát v mikrovlnné troubě.

350 g/12 oz/3 šálky loketních makaronů
10 ml/2 lžičky soli
30 ml/2 lžíce kukuřičné mouky (kukuřičný škrob)
600 ml/1 bod/2½ šálku studeného mléka
1 vejce, rozšlehané
10 ml/2 lžičky vyrobené hořčice
Čerstvě mletý černý pepř
275 g/10 oz/2½ šálků sýra Cheddar, strouhaný

Vložte makarony do hluboké misky. Vmíchejte sůl a dostatečné množství vroucí vody, aby bylo 5 cm/2 nad úrovní těstovin. Vařte odkryté na plný výkon asi 10 minut, dokud nezměkne, třikrát promíchejte. V případě potřeby sceďte a poté nechte při přípravě omáčky odstát. V samostatné velké míse smíchejte hladce kukuřičnou mouku s trochou studeného mléka a poté vmíchejte zbytek. Vařte bez pokličky na plný výkon 6–7 minut, dokud nezhoustne, každou minutu prošlehejte. Vmíchejte vejce, hořčici a pepř, poté dvě třetiny sýra a všechny makarony. Důkladně promíchejte vidličkou. Rovnoměrně rozetřete do máslem vymazané misky o průměru 30 cm/12. Navrch posypeme zbylým sýrem. Znovu zahřívejte, odkryté, na plný po dobu 4–5 minut. Pokud chcete, před podáváním rychle osmahněte pod rozpáleným grilem (brojlerem).

Klasický makaronový sýr

Podává 4–5

Tato verze je o něco bohatší než Family Macaroni Cheese a hodí se k řadě variací.

225 g/8 oz/2 šálky loketních makaronů
7,5 ml/1½ lžičky soli
30 ml/2 lžíce másla nebo margarínu
30 ml/2 lžíce hladké (univerzální) mouky
300 ml/½ bodu/1¼ šálku mléka
225 g/8 oz/2 šálky sýra Cheddar, strouhaný
5–10 ml/1–2 lžičky vyrobené hořčice
Sůl a čerstvě mletý černý pepř

Vložte makarony do hluboké misky. Vmíchejte sůl a dostatečné množství vroucí vody, aby bylo 5 cm/2 nad úrovní těstovin. Vařte odkryté 8–10 minut do měkka a dvakrát až třikrát promíchejte. Nechte 3–4 minuty v mikrovlnné troubě stát. V případě potřeby sceďte a poté nechte při přípravě omáčky odstát. Máslo nebo margarín rozpusťte odkryté v rozmrazovacím režimu po dobu 1–1½ minuty. Vmícháme mouku a postupně vmícháme mléko. Vařte bez pokličky na plný výkon 6–7 minut, dokud nezhoustne, každou minutu prošlehejte. Vmíchejte dvě třetiny sýra, poté hořčici a koření a poté makarony. Rovnoměrně rozetřete do misky o průměru 20 cm/8. Posypeme zbylým sýrem. Znovu zahřívejte, odkryté, na plný po dobu 3–4 minut.

Pokud chcete, před podáváním rychle osmahněte pod rozpáleným grilem (brojlerem).

Makaronový sýr se Stiltonem

Podává 4–5

Připravte jako u klasického makaronového sýra, ale nahraďte 100 g/3½ unce/1 šálek rozdrobeného Stiltonu za polovinu sýra Cheddar.

Makaronový sýr se slaninou

Podává 4–5

Připravte jako u klasického makaronového sýra, ale vmíchejte 6 plátků slaniny, grilované (opékané) do křupava, poté rozdrobené, s hořčicí a kořením.

Makaronový sýr s rajčaty

Podává 4–5

Připravte jako u klasického makaronového sýra, ale na těsto položte vrstvu plátků rajčat z asi 3 rajčat zbavených slupky, než je posypete zbylým sýrem.

Špagety Carbonara

Slouží 4

75 ml/5 lžic dvojité (těžké) smetany
2 velká vejce
100 g/4 oz/1 šálek parmské šunky, nakrájené
175 g/6 oz/1½ šálku strouhaného parmazánu
350 g/12 oz špagety nebo jiné velké těstoviny

Smíchejte smetanu a vejce. Vmícháme šunku a 90 ml/6 lžic parmezánu. Uvařte špagety podle návodu. Sceďte a dejte do servírovací misky. Přidejte smetanovou směs a vše promíchejte dvěma dřevěnými vidličkami nebo lžícemi. Zakryjte kuchyňským papírem a zahřívejte na plný 1½ minuty. Každou porci podávejte přelitou zbylým parmazánem.

Makaronový sýr ve stylu pizzy

Podává 4–5

225 g/8 oz/2 šálky loketních makaronů
7,5 ml/1½ lžičky soli
30 ml/2 lžíce másla nebo margarínu
30 ml/2 lžíce hladké (univerzální) mouky
300 ml/½ bodu/1¼ šálku mléka
125 g/4 oz/1 šálek sýra Cheddar, strouhaný
125 g/4 oz/1 šálek sýra Mozzarella, strouhaný
5–10 ml/1–2 lžičky vyrobené hořčice
Sůl a čerstvě mletý černý pepř
212 g/7 oz/1 malá konzerva tuňáka v oleji, sczená a olej rezervovaný
12 vypeckovaných (vypeckovaných) černých oliv, nakrájených na plátky
1 konzerva pimiento, nakrájená na plátky
2 rajčata, blanšírovaná, oloupaná a nahrubo nakrájená
5–10 ml/1–2 lžičky červeného nebo zeleného pesta (volitelně)
Listy bazalky, na ozdobu

Vložte makarony do hluboké misky. Vmíchejte sůl a dostatečné množství vroucí vody, aby bylo 5 cm/2 nad úrovní těstovin. Vařte odkryté 8–10 minut do měkka a dvakrát až třikrát promíchejte. Nechte 3–4 minuty v mikrovlnné troubě stát. V případě potřeby sceďte a poté nechte při přípravě omáčky odstát. Máslo nebo margarín rozpusťte odkryté v rozmrazovacím režimu po dobu 1–1½ minuty. Vmícháme mouku a postupně vmícháme mléko. Vařte bez pokličky na plný výkon 6–7 minut, dokud nezhoustne, každou minutu prošlehejte. Vmíchejte dvě třetiny každého sýra, poté hořčici a koření. Vmíchejte makarony, tuňáka, 15 ml/1 polévkovou lžíci oleje z tuňáka, olivy, pimiento, rajčata a pesto, pokud používáte. Rovnoměrně rozetřete do misky o průměru 20 cm/8. Posypeme zbylými sýry. Znovu zahřívejte, odkryté, na plný po dobu 3–4 minut. Pokud se líbí,

Špagetový krém s jarní cibulkou

Slouží 4

150 ml/¼ pt/2/3 šálku dvojité (těžké) smetany
1 žloutek
150 g/5 oz/1 ¼ šálku strouhaného parmazánu
8 jarní cibulky (cibulky), nakrájené nadrobno
Sůl a čerstvě mletý černý pepř
350 g/12 oz špagety nebo jiné velké těstoviny

Vyšlehejte smetanu, žloutek, 45 ml/3 lžíce parmezánu a jarní cibulku. Podle chuti dobře okoříme. Uvařte špagety podle návodu. Sceďte a dejte do servírovací misky. Přidejte smetanovou směs a vše promíchejte dvěma dřevěnými vidličkami nebo lžícemi. Zakryjte kuchyňským papírem a zahřívejte na plný 1½ minuty. Zbylý parmazán nabídněte zvlášť.

Boloňské špagety

Podává 4–6

450 g/1 lb/4 šálky libového mletého (mletého) hovězího masa
1 stroužek česneku, rozdrcený
1 velká cibule, nastrouhaná
1 zelená paprika, zbavená semínek a nakrájená nadrobno
5 ml/1 lžička italského koření nebo sušených směsí bylinek
400 g/14 oz/1 velká plechovka nakrájených rajčat
45 ml/3 lžíce rajčatového protlaku (pasta)
1 kostka hovězího vývaru
75 ml/5 lžic červeného vína nebo vody
15 ml/1 polévková lžíce tmavě hnědého cukru
5 ml/1 lžička soli
Čerstvě mletý černý pepř
350 g/12 oz čerstvě uvařených a scezených špaget nebo jiných těstovin
Strouhaný parmazán

Smíchejte hovězí maso s česnekem v misce o objemu 1,75 litru/3 pt/7½ šálku. Vařte odkryté 5 minut na plný výkon. Smíchejte všechny zbývající ingredience kromě soli, pepře a špaget. Přikryjeme talířem a vaříme na Full 15 minut, přičemž čtyřikrát promícháme vidličkou, aby se maso natrhalo. Nechte 4 minuty odstát. Dochuťte solí a pepřem podle chuti a podávejte se špagetami. Parmazán nabídněte zvlášť.

Špagety s tureckou boloňskou omáčkou

Slouží 4

Připravte jako boloňské špagety, ale hovězí maso nahraďte mletým (mletým) krůtím masem.

Špagety s ragú omáčkou

Slouží 4

Tradiční a ekonomická omáčka, poprvé použitá v Anglii v trattoriích Soho krátce po druhé světové válce.

20 ml/4 lžičky olivového oleje
1 velká cibule, nakrájená nadrobno
1 stroužek česneku, rozdrcený
1 malá mrkev, nastrouhaná
250 g/8 oz/2 šálky libového mletého (mletého) hovězího masa
10 ml/2 lžičky hladké (univerzální) mouky
15 ml/1 polévková lžíce rajčatového protlaku (pasta)
300 m/½ bodu/1¼ šálku hovězího vývaru
45 ml/3 lžíce suchého bílého vína
1,5 ml/¼ lžičky sušené bazalky
1 malý bobkový list
175 g žampionů, hrubě nasekaných
Sůl a čerstvě mletý černý pepř
350 g/12 oz čerstvě uvařených a scezených špaget nebo jiných těstovin
Strouhaný parmazán

Vložte olej, cibuli, česnek a mrkev do misky o objemu 1,75 l/3 pt/7½ šálku. Zahřívejte, odkryté, na plný po dobu 6 minut. Přidejte všechny zbývající ingredience kromě soli, pepře a špaget. Zakryjte talířem a vařte na plný 11 minut, třikrát promíchejte. Nechte 4 minuty odstát.

Dochutíme solí a pepřem, vyjmeme bobkový list a podáváme se špagetami. Parmazán nabídněte zvlášť.

Špagety s máslem

Slouží 4

350 g / 12 oz těstoviny
60 ml/4 lžíce másla nebo olivového oleje
Strouhaný parmazán

Uvařte těstoviny podle návodu. Sceďte a vložte do velké mísy s máslem nebo olivovým olejem. Házejte dvěma lžícemi, dokud nebudou těstoviny dobře obalené. Nandejte na čtyři nahřáté talíře a na každý navršte nastrouhaný parmazán.

Těstoviny s česnekem

Slouží 4

350 g / 12 oz těstoviny
2 stroužky česneku, rozdrcené
50 g másla
10 ml/2 lžičky olivového oleje
30 ml/2 lžíce nasekané petrželky
Strouhaný parmazán
Listy rukoly nebo čekanky, nasekané

Uvařte těstoviny podle návodu. Česnek, máslo a olej zahřívejte 1½ minuty na plný výkon. Vmícháme petrželku. Sceďte těstoviny a vložte je do servírovací misky. Přidejte česnekovou směs a vše promíchejte dvěma vařečkami. Ihned podáváme posypané parmazánem a ozdobené natrhanými lístky rukoly nebo čekanky.

Špagety s hovězím masem a míchanou zeleninou boloňskou omáčkou

Slouží 4

30 ml/2 lžíce olivového oleje
1 velká cibule, nakrájená nadrobno
2 stroužky česneku, rozdrcené
4 plátky (plátky) nakrájená slanina
1 řapíkatý celer, nakrájený
1 mrkev, nastrouhaná
125 g žampionů, nakrájených na tenké plátky
225 g/8 oz/2 šálky libového mletého (mletého) hovězího masa
30 ml/2 lžíce hladké (univerzální) mouky
1 sklenice na víno suché červené víno
150 ml/¼ pt/2/3 šálku passaty (propasírovaná rajčata)
60 ml/4 polévkové lžíce hovězího vývaru
2 velká rajčata, blanšírovaná, oloupaná a nakrájená
15 ml/1 polévková lžíce tmavě hnědého cukru
1,5 ml/¼ lžičky strouhaného muškátového oříšku
15 ml/1 polévková lžíce nasekaných lístků bazalky
Sůl a čerstvě mletý černý pepř
350 g/12 oz čerstvě uvařených a scezených špaget
Strouhaný parmazán

Vložte olej, cibuli, česnek, slaninu, celer a mrkev do misky o objemu 2 litry/3½ bodu/8½ šálku. Přidejte houby a maso. Vařte odkryté na plný 6 minut a dvakrát promíchejte vidličkou, aby se maso natrhalo.

Smíchejte všechny zbývající ingredience kromě soli, pepře a špaget. Zakryjte talířem a vařte na plný 13–15 minut, třikrát promíchejte. Nechte 4 minuty odstát. Dochuťte solí a pepřem a podávejte s těstovinami. Parmazán nabídněte zvlášť.

Špagety s masovou omáčkou a smetanou

Slouží 4

Připravte jako špagety s hovězím masem a zeleninovou boloňskou omáčkou, ale na závěr vmíchejte 30–45 ml/2–3 lžíce dvojité (těžké) smetany.

Špagety s masovou omáčkou Marsala

Slouží 4

Připravte jako špagety s hovězím masem a zeleninovou boloňskou omáčkou, ale víno nahraďte marsalou a na závěr přidejte 45 ml/3 lžíce sýra Marscapone.

Těstoviny alla Marinara

Slouží 4

To znamená 'námořnický styl' a pochází z Neapole.
30 ml/2 lžíce olivového oleje
3–4 stroužky česneku, rozdrcené
8 velkých rajčat, blanšírovaných, oloupaných a nakrájených
5 ml/1 lžička jemně nasekané máty
15 ml/1 polévková lžíce jemně nasekaných lístků bazalky
Sůl a čerstvě mletý černý pepř
350 g čerstvě uvařených a scezených těstovin
Strouhaný sýr Pecorino nebo parmazán k podávání

Vložte všechny ingredience kromě těstovin do misky o objemu 1,25 litru/2¼ pt/5½ šálku. Zakryjte talířem a vařte na plný 6–7 minut, třikrát promíchejte. Podávejte s těstovinami a zvlášť nabídněte pecorino nebo parmazán.

Těstoviny Matriciana

Slouží 4

Rustikální omáčka na těstoviny z centrální oblasti Abruzzo v Itálii.

30 ml/2 lžíce olivového oleje
1 cibule, nakrájená
5 plátků neuzené slaniny, hrubě nakrájené
8 rajčat, blanšírovaných, oloupaných a nakrájených
2–3 stroužky česneku, rozdrcené
350 g čerstvě uvařených a scezených těstovin
Strouhaný sýr Pecorino nebo parmazán k podávání

Vložte všechny ingredience kromě těstovin do misky o objemu 1,25 litru/2¼ pt/5½ šálku. Přikryjeme talířem a za 2x promícháme 6 minut na plný plyn. Podávejte s těstovinami a zvlášť nabídněte pecorino nebo parmazán.

Těstoviny s tuňákem a kapary

Slouží 4

15 ml/1 polévková lžíce másla
200 g/7 oz/1 malá konzerva tuňáka v oleji
60 ml/4 polévkové lžíce zeleninového vývaru nebo bílého vína
15 ml/1 polévková lžíce kapar, nasekaných
30 ml/2 lžíce nasekané petrželky
350 g čerstvě uvařených a scezených těstovin
Strouhaný parmazán

Vložte máslo do misky 600 ml/1 pt/2½ šálku a rozpusťte, odkryté, v režimu rozmrazování po dobu 1½ minuty. Přidejte obsah konzervy tuňáka a rybu nakrájejte na vločky. Vmícháme vývar nebo víno, kapary a petrželku. Přikryjeme talířem a zahříváme na plný 3–4 minuty. Podávejte s těstovinami a zvlášť nabídněte parmazán.

Těstoviny Napoletana

Slouží 4

Tato okázalá rajčatová omáčka z Neapole s teplou a barevnou chutí se nejlépe připravuje v létě, kdy je rajčat nejvíce.

8 velkých zralých rajčat, blanšírovaných, oloupaných a nahrubo nakrájených
30 ml/2 lžíce olivového oleje
1 cibule, nakrájená
2–4 stroužky česneku, rozdrcené
1 řapíkatý celer, nakrájený nadrobno
15 ml/1 polévková lžíce nasekaných lístků bazalky
10 ml/2 lžičky světle měkkého hnědého cukru
60 ml/4 polévkové lžíce vody nebo červeného vína
Sůl a čerstvě mletý černý pepř
30 ml/2 lžíce nasekané petrželky
350 g čerstvě uvařených a scezených těstovin
Strouhaný parmazán

Rajčata, olej, cibuli, česnek, celer, bazalku, cukr a vodu nebo víno dejte do misky o objemu 1,25 l/2¼ pt/5½ šálku. Dobře promíchejte. Přikryjte talířem a vařte na plný 7 minut, dvakrát promíchejte. Podle chuti okoříníme a poté vmícháme petrželku. Ihned podávejte s těstovinami a zvlášť nabídněte parmazán.

Těstoviny Pizzaiola

Slouží 4

Připravte jako těstoviny Napoletana, ale přidejte rajčata na 10, vynechte cibuli, celer a vodu a použijte dvojnásobné množství petržele. Přidejte 15 ml/1 lžičku čerstvého nebo 2,5 ml/½ lžičky sušeného oregana s petrželkou.

Těstoviny s hráškem

Slouží 4

Připravte jako těstoviny Napoletana, ale k rajčatům s ostatními ingrediencemi přidejte 125 g/4 oz/1 šálek nahrubo nasekané šunky a 175 g/6 oz/1½ šálku čerstvého hrášku. Vařte 9–10 minut.

Těstoviny s omáčkou z kuřecích jater

Slouží 4

225 g/8 oz kuřecí játra
30 ml/2 lžíce hladké (univerzální) mouky
15 ml/1 polévková lžíce másla
15 ml/1 polévková lžíce olivového oleje
1–2 stroužky česneku, rozdrcené
125 g žampionů, nakrájených na plátky
150 ml/¼ pt/2/3 šálku horké vody
150 ml/¼ pt/2/3 šálku suchého červeného vína
Sůl a čerstvě mletý černý pepř

350 g těstovin, čerstvě uvařených a scezených

Těstoviny s ančovičkami

Slouží 4

30 ml/2 lžíce olivového oleje
15 ml/1 polévková lžíce másla
2 stroužky česneku, rozdrcené
50 g/2 oz/1 malá konzerva filet z ančoviček v oleji
45 ml/3 lžíce nasekané petrželky
2,5 ml/½ lžičky sušené bazalky
Čerstvě mletý černý pepř
350 g čerstvě uvařených a scezených těstovin

Vložte olej, máslo a česnek do misky o objemu 600 ml/1 pt/2½ šálku. Ančovičky nasekejte a přidejte s olejem z plechovky. Vmícháme petrželku, bazalku a pepř podle chuti. Přikryjeme talířem a vaříme 3–3½ minuty na plný plyn. Ihned podávejte s těstovinami.

Ravioli s omáčkou

Slouží 4

350 g/12 oz/3 šálky raviol

Vařte jako velké těstoviny a poté podávejte s některou z výše uvedených omáček na těstoviny na bázi rajčat.

Tortellini

Slouží 4

Nechte asi 250 g kupovaných tortellini a vařte jako velké čerstvé nebo sušené těstoviny. Důkladně sceďte, přidejte 25 g/1 oz/2 polévkové lžíce nesoleného (sladkého) másla a důkladně promíchejte. Každou porci podáváme posypanou strouhaným parmazánem.

Lasagne

Podává 4–6

45 ml/3 polévkové lžíce horké vody
Boloňská omáčka na špagety
9–10 plátů obyčejné, zelené (verdi) nebo hnědé (celozrnné) lasagne,
které není třeba předvařit
Sýrová omáčka
25 g/1 oz/¼ šálku strouhaného parmazánu
30 ml/2 lžíce másla
Strouhaný muškátový oříšek

Olej nebo máslo ve čtvercové misce o průměru 20 cm/8. Přidejte horkou vodu do boloňské omáčky. Na dno misky položte vrstvu plátků lasagne, poté vrstvu boloňské omáčky a poté vrstvu sýrové omáčky. Pokračujte ve vrstvách a dokončete sýrovou omáčkou. Posypeme parmazánem, pokapeme máslem a popráším muškátovým oříškem. Vařte odkryté po dobu 15 minut a dvakrát otočte. Nechte 5 minut odstát, poté pokračujte ve vaření dalších 15 minut nebo dokud lasagne nezměknou, když středem prostrčíte nůž. (Doba vaření se bude lišit v závislosti na počáteční teplotě obou omáček.)

Pizza Napoletana

Dělá 4

Mikrovlnná trouba dělá skvělou práci na pizzách, připomínajících ty, které najdete po celé Itálii a v Neapoli zvláště.

30 ml/2 lžíce olivového oleje
2 cibule, oloupané a nakrájené nadrobno
1 stroužek česneku, rozdrcený
150 g/5 oz/2/3 šálku rajčatového protlaku (pasta)
Základní bílé nebo hnědé chlebové těsto
350 g/12 oz/3 šálky sýra Mozzarella, strouhaný
10 ml/2 lžičky sušeného oregana
50 g/2 oz/1 malá konzerva filet z ančoviček v oleji

Olej, cibuli a česnek opékejte odkryté 5 minut na plný výkon a dvakrát promíchejte. Vmícháme rajčatový protlak a dáme stranou. Těsto rozdělte rovnoměrně na čtyři díly. Každý vyválejte do kulatého kotouče dostatečně velkého, aby pokrylo olejem vymazaný a moukou vysypaný plochý talíř o průměru 20 cm/8. Zakryjte kuchyňským papírem a nechte 30 minut odstát. Každý potřete rajčatovou směsí. Sýr smíchejte s oreganem a rovnoměrně posypte každou pizzu. Ozdobte ančovičkami. Pečeme jednotlivě zakryté kuchyňským papírem na plný 5 minut, dvakrát otočíme. Jezte hned.

Pizza Margherita

Dělá 4

Připravte jako na Pizzu Napoletana, ale oregano nahraďte sušenou bazalkou a vynechte ančovičky.

Pizza s mořskými plody

Dělá 4

Připravte se jako na Pizza Napoletana. Uvařené posypte krevetami (krevetami), mušlemi, škeblemi atd.

Pizza Siciliana

Dělá 4

Připravte se jako na Pizza Napoletana. Po upečení vložíme mezi ančovičky 18 malých černých oliv.

Houbová pizza

Dělá 4

Připravte se jako pro Pizza Napoletana, ale před přidáním sýra a bylinek posypte rajčatovou směsí 100 g hub nakrájených na tenké plátky. Vařte dalších 30 sekund.

Pizza se šunkou a ananasem

Dělá 4

Připravte se jako u Pizzy Napoletana, ale před přidáním sýra a bylinek posypte rajčatovou směsí 125 g/4 oz/1 šálek nakrájené šunky. Nakrájejte 2 kolečka konzervovaného ananasu a rozetřete po vršku pizzy. Vařte dalších 45 sekund.

Pepperoni pizzy

Dělá 4

Připravte jako Pizzu Napoletana, ale navrch každou pizzu dejte 6 tenkých plátků feferonkové klobásy.

Máslové lupínkové mandle

Skvělá poleva na sladké i slané pokrmy.

15 ml/1 polévková lžíce nesoleného (sladkého) másla
50 g/2 oz/½ šálku plátkových (nakrájených) mandlí
Obyčejná nebo ochucená sůl nebo moučkový (velmi jemný) cukr

Máslo dejte do mělké misky o průměru 20 cm/8. Roztavte, odkryté, na plný po dobu 45–60 sekund. Přidejte mandle a za stálého míchání každou minutu otočte a vařte na plný výkon 5–6 minut do zlatova. Slaná jídla posypte solí, na sladko moučkový cukr.

Lupané mandle v česnekovém másle

Připravte jako máslové lupínkové mandle, ale použijte kupované česnekové máslo. Díky tomu je chytrou polevou pro pokrmy, jako je bramborová kaše, a lze ji také přidat do krémových polévek.

Sušené kaštany

Mikrovlnná trouba umožňuje vařit sušené kaštany a používat je za méně než 2 hodiny bez namáčení přes noc a následného dlouhého vaření. Také těžká práce s peelingem již byla provedena za vás.

Umyjte 250 g/8 oz/2 šálky sušených kaštanů. Vložte do misky o objemu 1,75 l/3 pt/7½ šálku. Vmíchejte 600 ml/1 pt/2½ šálku vroucí vody. Přikryjte talířem a vařte na plný 15 minut, třikrát otočte. Nechte v mikrovlnné troubě 15 minut. Opakujte se stejnou dobou vaření a stání. Odkryjte, přidejte dalších 150 ml/¼ pt/2/3 šálku vroucí vody a zamíchejte. Zakryjte jako předtím a vařte na plný 10 minut, dvakrát promíchejte. Před použitím nechte 15 minut odstát.

Sušení bylinek

Pokud pěstujete své vlastní bylinky, ale je pro vás obtížné je sušit ve vlhkém a nepředvídatelném klimatu, mikrovlnná trouba za vás udělá práci efektivně, efektivně a čistě během okamžiku, takže si svou roční úrodu můžete vychutnat i v zimních měsících. . Každá odrůda bylinky by se měla sušit sama o sobě, aby zůstala nedotčená chuť. Pokud budete chtít později, můžete si vytvořit vlastní směsi smícháním několika sušených bylinek dohromady.

Začněte odřezáváním bylinek z jejich keřů pomocí zahradnických nůžek nebo nůžek. Strhněte listy (v případě rozmarýnu jehličky) ze stopek a volně je zabalte do odměrky o objemu 300 ml/½ bodu/1¼ šálku, kterou naplníte téměř až po přetékání. Vyklopte do cedníku (cedníku) a rychle a jemně je opláchněte pod tekoucí studenou vodou. Důkladně sceďte a poté osušte mezi záhyby čisté, suché utěrky (utěrky). Položte kuchyňský papír o dvojnásobné tloušťce umístěný přímo na otočný talíř mikrovlnné trouby. Zahřívejte, odkryté, na Full po dobu 5–6 minut, dvakrát nebo třikrát opatrně pohybujte bylinkami po papíru. Jakmile zní jako šustění podzimního listí a ztratí svou jasně zelenou barvu, můžete předpokládat, že bylinky jsou vysušené. Pokud ne, pokračujte v zahřívání po dobu 1–1½ minuty. Vyjměte z trouby a nechte vychladnout. Sušené bylinky rozdrťte třením mezi rukama.

Přeneste do vzduchotěsných sklenic se zátkou a štítkem. Skladujte mimo jasné světlo.

Křupavá strouhanka

Kvalitní světlá strouhanka – na rozdíl od měsíčkově žluté sáčky – se perfektně připravuje v mikrovlnné troubě a je křupavá a křehká bez zhnědnutí. Chléb může být čerstvý nebo prošlý, ale sušení čerstvého bude trvat o něco déle. Rozdrobte 3½ velkých plátků bílého nebo hnědého chleba s kůrkou na jemné drobky. Rozložte drobky do mělké misky o průměru 25 cm/10. Vařte odkryté po dobu 5–6 minut za stálého míchání čtyřikrát, dokud v prstech neucítíte, že je drobenka suchá a křupavá. Nechte vychladnout, občas zamíchejte a poté uložte do vzduchotěsné nádoby. Na chladném místě vydrží téměř neomezeně dlouho.

Ořechové hamburgery

Dělá 12

Ty nejsou v žádném případě nové, zvláště pro vegetariány a vegany, ale kombinace ořechů dává těmto burgerům výjimečnou chuť a křupavá textura je stejně chutná. Lze je podávat horké s omáčkou, studené se salátem a majonézou, vodorovně je rozpůlit a použít jako náplň na sendviče nebo je jíst jen tak ke svačině.

30 ml/2 lžíce másla nebo margarínu
125 g/4 oz/1 šálek neloupaných celých mandlí
125 g/4 oz/1 šálek kousků pekanových ořechů
125 g/4 oz/1 šálek kousků kešu ořechů, pražené
125 g/4 oz/2 šálky čerstvé měkké hnědé strouhanky
1 střední cibule, nastrouhaná
2,5 ml/½ lžičky soli
5 ml/1 lžička hořčice
30 ml/2 lžíce studeného mléka

Máslo nebo margarín, odkryté, rozpusťte na 1–1½ minuty. V mixéru nebo kuchyňském robotu namelte ořechy poměrně najemno. Vyklopte a smíchejte se zbývajícími přísadami včetně másla nebo margarínu. Rozdělte na 12 stejných dílů a vytvarujte oválky. Uspořádejte kolem okraje velkého vymazaného plechu. Vařte odkryté 4 minuty na plný a jednou otočte. Nechte 2 minuty odstát.

Nutkin dort

Podává 6–8

Připravte se jako Nut Burgers, ale nahraďte mandle, pekanové ořechy a kešu oříšky 350 g/12 oz/3 šálky mletých míchaných ořechů dle vašeho výběru. Vytvarujte do kulatého tvaru 20 cm/8 a dejte na vymazaný plech. Vařte odkryté 3 minuty na plný plyn. Nechte 5 minut odstát a poté vařte na plný výkon další 2½ minuty. Nechte 2 minuty odstát. Podáváme teplé nebo studené, nakrájené na měsíčky.

Pohanka

Slouží 4

Pohanka, známá také jako saracénská kukuřice a původem z Ruska, není příbuzná žádnému jinému obilí. Je to malý plod sladce parfémované růžově kvetoucí rostliny, která patří do čeledi dockovitých. Základem bliny (neboli ruských palačinek), obilí je vydatná, zemitá základna a je zdravou náhražkou brambor s masem a drůbeží.

175 g/6 uncí/1 šálek pohanky
1 vejce, rozšlehané
5 ml/1 lžička soli
750 ml/1¼ bodu/3 šálky vroucí vody

Smíchejte pohanku a vejce v misce o objemu 2 litry/3½ bodu/8½ šálku. Toast, odkrytý, na plný po dobu 4 minut, každou minutu promíchejte a rozdrťte vidličkou. Přidejte sůl a vodu. Postavte na talíř v mikrovlnné troubě pro případ rozlití a vařte odkryté na plné 22 minut a čtyřikrát promíchejte. Přikryjeme talířem a necháme 4 minuty odstát. Před podáváním rozkrojte vidličkou.

bulharština

Podává 6–8

Toto zrno, nazývané také burghal, burghul nebo cracked pšenice, je jednou ze základních surovin na Středním východě. Nyní je široce dostupný v supermarketech a obchodech se zdravou výživou.

225 g / 8 oz / 1 ¼ šálku bulharského
600 ml/1 pt/2½ šálku vroucí vody
5–7,5 ml/1–1½ lžičky soli

Vložte bulgar do misky o objemu 1,75 l/3 pt/7½ šálku. Toast, odkrytý, na plný po dobu 3 minut a každou minutu míchejte. Vmíchejte vroucí vodu a sůl. Přikryjte talířem a nechte 6–15 minut odstát v závislosti na druhu použitého bulgaru, dokud není zrno al dente, jako těstoviny. Načechrejte vidličkou a jezte teplé nebo studené.

Bulhar se smaženou cibulkou

Slouží 4

1 cibule, nastrouhaná
15 ml/1 polévková lžíce olivy nebo slunečnice
1 množství Bulhar

Vložte cibuli a olej do malé misky. Vařte bez pokličky na plný výkon 4 minuty a třikrát promíchejte. Přidejte k uvařenému bulgaru současně s vodou a solí.

Tabbouleh

Slouží 4

Tento pokrm, zbarvený do sytě zelené petrželkou, evokuje Libanon a je jedním z nejchutnějších salátů, jaké si lze představit, je perfektním doplňkem mnoha jídel od vegetariánských ořechových kotlet až po pečené jehněčí. Je to také atraktivní předkrm, naaranžovaný přes salátovou zeleninu na jednotlivých talířích.

1 množství Bulhar
120–150 ml/4–5 fl oz/½–2/3 šálku jemně nasekané ploché petrželky
30 ml/2 polévkové lžíce nasekaných lístků máty
1 střední cibule, jemně nastrouhaná
15 ml/1 polévková lžíce olivového oleje
Sůl a čerstvě mletý černý pepř
Listy salátu
Nakrájená rajčata, nakrájená okurka a černé olivy na ozdobu

Bulhar uvařte podle návodu. Polovinu množství přendejte do mísy a vmíchejte petrželku, mátu, cibuli, olej a hodně soli a pepře podle chuti. Vychladlé naaranžujeme na listy salátu a atraktivně ozdobíme oblohou. Zbývající bulgar použijte libovolným způsobem.

Sultánův salát

Slouží 4

Osobní oblíbenec a posypaný kousky sýra Feta a podávaný s chlebem pitta tvoří kompletní jídlo.

1 množství Bulhar
1–2 stroužky česneku, rozdrcené
1 mrkev, nastrouhaná
15 ml/1 polévková lžíce nasekaných lístků máty
60 ml/4 lžíce nasekané petrželky
Šťáva z 1 velkého citronu, pasírovaná
45 ml/3 lžíce olivového nebo slunečnicového oleje nebo směsi obou
Zelený salát
Opékané mandle a zelené olivy na ozdobu

Bulgar uvařte podle návodu, poté vmíchejte česnek, mrkev, mátu, petržel, citronovou šťávu a olej. Nandejte na talíř vyložený zeleninovým salátem a ozdobte praženými mandlemi a zelenými olivami.

Kuskus

Slouží 4

Kuskus je obilí i název severoafrického masa nebo zeleniny. Vyrobeno ze semoliny z tvrdé pšenice (krém z pšenice), vypadá jako drobné, dokonale zaoblené perličky. Dříve ho ručně vyráběli oddaní a talentovaní domácí kuchaři, ale nyní je k dispozici v balíčcích a lze jej uvařit bleskově, díky francouzské technice, která odstraňuje pracné a pomalé vaření v páře. Kus-kus můžete nahradit jakýmkoliv pokrmem vyrobeným z bulharského masa (strany 209–10).

250 g/9 oz/1½ šálku koupeného kuskusu
300 ml/½ pt/1¼ šálku vroucí vody
5–10 ml/1–2 lžičky soli

Kuskus vložte do misky o objemu 1,75 l/3 pt/7½ šálku a opékejte, odkryté, na 3 minuty na plný výkon a každou minutu míchejte. Přidejte vodu a sůl a vidličkou. Přikryjeme talířem a 1 minutu vaříme na plný výkon. Nechte 5 minut odstát v mikrovlnné troubě. Před podáváním načechrejte vidličkou.

Grits

Slouží 4

Grits (hominy krupice) je téměř bílá severoamerická obilovina na bázi kukuřice (kukuřice). Jí se s horkým mlékem a cukrem nebo s máslem a solí a pepřem. Je k dispozici ve specializovaných obchodech s potravinami, jako je Harrods v Londýně.

150 g/5 uncí/nedostatek 1 šálek zrn
150 ml/¼ pt/2/3 šálku studené vody
600 ml/1 pt/2½ šálku vroucí vody
5 ml/1 lžička soli

Vložte krupici do misky o objemu 2,5 litru/4½ bodu/11 šálků. Hladce promícháme se studenou vodou, poté vmícháme vroucí vodu a sůl.

Vařte odkryté po dobu 8 minut za stálého míchání čtyřikrát.

Přikryjeme talířem a před podáváním necháme 3 minuty odstát.

Gnocchi alla Romana

Slouží 4

Gnocchi často najdete v italských restauracích, kde si je velmi oblíbili. Je to vydatný a zdravý oběd nebo večeři se salátem a používá ekonomické přísady.

600 ml/1 bod/2½ šálku studeného mléka
150 g/5 oz/¾ šálku krupice (pšeničná smetana)
5 ml/1 lžička soli
50 g/2 oz/¼ šálku másla nebo margarínu
75 g/3 oz/¾ šálku strouhaného parmazánu
2,5 ml/½ lžičky kontinentální hořčice
1,5 ml/¼ lžičky strouhaného muškátového oříšku
1 velké vejce, rozšlehané
Míchaný salát
Rajčatový kečup (catsup)

Polovinu studeného mléka hladce smíchejte s krupicí v misce o objemu 1,5 litru/2½ bodu/6 šálků. Zbývající mléko odkryté zahřejte na 3 minuty na plný. Vmíchejte do krupice se solí. Vařte odkryté na plný 7 minut, dokud nezhoustne, čtyřikrát nebo pětkrát promíchejte, aby směs zůstala hladká. Vyjměte z mikrovlnky a vmíchejte polovinu másla, polovinu sýra a všechnu hořčici, muškátový oříšek a vejce. Vařte odkryté 1 minutu na plný výkon. Přikryjeme talířem a necháme 1 minutu odstát. Rozprostřete na olejem nebo máslem vymazané mělké 23 cm/9 čtvercové misky. Volně přikryjte kuchyňským papírem a nechte v chladu ztuhnout a ztuhnout. Nakrájejte na čtverce o velikosti 2,5 cm/1. Uspořádejte do máslem vymazané kulaté misky o průměru 23 cm/9 v překrývajících se kroužcích. Posypeme zbylým sýrem, posypeme vločkami zbylého másla a v horké troubě zahříváme 15 minut do zlatova.

Šunkové noky

Slouží 4

Připravte jako Gnocchi alla Romana, ale přidejte 75 g/3 oz/¾ šálku nakrájené parmské šunky s teplým mlékem.

Proso

Podává 4–6

Příjemné a jemné zrno příbuzné čiroku, který je neobvyklou náhražkou rýže. Pokud se konzumuje s luštěninami (hrách, fazole a čočka), je to dobře vyvážené jídlo bohaté na bílkoviny.

175 g/6 oz/1 šálek prosa
750 ml/1¼ bodu/3 šálky vroucí vody nebo vývaru
5 ml/1 lžička soli

Vložte jáhly do misky o objemu 2 litry/3½ bodu/8½ šálku. Toast, odkrytý, na plný po dobu 4 minut, dvakrát promíchejte. Smíchejte ve vodě a soli. V případě rozlití se postavte na talíř. Vařte odkryté 20–25 minut, dokud se všechna voda nevstřebá. Načechrejte vidličkou a rovnou snězte.

Polenta

Slouží 6

Jasně žluté zrno vyrobené z kukuřice, podobné semolině (pšeničná smetana), ale hrubší. Je to základní škrobová potravina v Itálii a Rumunsku, kde je velmi uznávaný a často se jí jako příloha k masu, drůbeži, vajíčkům a zeleninovým pokrmům. V posledních letech se stal trendovou specialitou restaurací, často nakrájený na čtverečky a podávaný grilovaný (pečený) nebo smažený (smažený) s omáčkami podobnými těm, které se používají na špagety.

150 g/5 oz/¾ šálku polenty
5 ml/1 lžička soli
125 ml/¼ pt/2/3 šálku studené vody
600 ml/1 bod/2½ šálku vroucí vody nebo vývaru

Vložte polentu a sůl do misky o objemu 2 litry/3½ bodu/8½ šálku. Hladce promícháme se studenou vodou. Postupně vmícháme vroucí vodu nebo vývar. V případě rozlití se postavte na talíř. Vařte odkryté 7–8 minut, dokud nezhoustne, a čtyřikrát promíchejte. Přikryjeme talířem a před podáváním necháme 3 minuty odstát.

Polenta na grilu

Slouží 6

Připravte se jako na Polentu. Po upečení rozetřeme do máslem nebo olejem vymazané čtvercové mísy o průměru 23 cm/9. Vršek uhladíme nožem namočeným v horké vodě a z ní. Volně přikryjte kuchyňským papírem a nechte úplně vychladnout. Nakrájejte na čtverečky, potřete olivovým nebo kukuřičným olejem a grilujte (opečte) nebo opékejte (opékejte) konvenčně do zlatova.

Polenta s pestem

Slouží 6

Připravte jako Polentu, ale s vroucí vodou přidejte 20 ml/4 lžičky červeného nebo zeleného pesta.

Polenta se sušenými rajčaty nebo olivovou pastou

Slouží 6

Připravte jako Polentu, ale s vroucí vodou přidejte 45 ml/3 polévkové lžíce protlaku ze sušených rajčat nebo oliv.

Quinoa

Podává 2–3

Docela novinka na scéně s vysokým obsahem bílkovin z Peru se zvláštně křupavou texturou a lehce kouřovou chutí. Hodí se ke všem potravinám a představuje novou náhradu rýže.

125 g/4 unce/2/3 šálku quinoy
2,5 ml/½ lžičky soli
550 ml/18 fl oz/2 1/3 šálků vroucí vody

Quinou vložte do misky o objemu 1,75 l/3 pt/7½ šálku. Toast, odkrytý, na plný po dobu 3 minut, jednou promíchejte. Přidejte sůl a vodu a důkladně promíchejte. Vařte na plný výkon po dobu 15 minut a čtyřikrát promíchejte. Zakryjte a nechte 2 minuty stát.

Rumunská Polenta

Slouží 4

Rumunské notoricky bohaté národní jídlo – mamaliga.

1 množství Polenta
75 g/3 oz/1/3 šálku másla
4 čerstvě sázená velká vejce
100 g/4 oz/1 šálek sýra Feta, rozdrobený
150 ml/¼ pt/2/3 šálku zakysané (mléčné zakysané) smetany

Připravte polentu a nechte ji v misce, ve které se vařila. Rozšleháme polovinu másla. Lžící naneste stejné kopečky na čtyři nahřáté talíře a do každého udělejte prohlubeň. Naplníme vejci, posypeme sýrem a potřeme zbylým máslem a smetanou. Jezte hned.

Kari rýže

Slouží 4

Hodí se jako příloha k většině orientálních a asijských jídel, zejména indických.

30 ml/2 lžíce podzemnicového (arašídového) oleje
2 cibule, nakrájené nadrobno
225 g/8 oz/1 šálek rýže basmati
2 malé bobkové listy
2 celé hřebíčky
Semena ze 4 lusků kardamomu
30–45 ml/2–3 polévkové lžíce jemného kari
5 ml/1 lžička soli
600 ml/1 pt/2½ šálku vroucí vody nebo zeleninového vývaru

Vložte olej do misky o objemu 2,25 l/4 pt/10 šálků. Zahřívejte, odkryté, na plný po dobu 1 minuty. Vmícháme cibuli. Vařte odkryté 5 minut na plný výkon. Vmíchejte všechny zbývající ingredience. Zakryjte potravinářskou fólií (igelitovou fólií) a dvakrát ji prořízněte, aby mohla unikat pára. Vařte na plný výkon po dobu 15 minut, přičemž pokrm čtyřikrát otočte. Nechte 2 minuty odstát. Vidličkou zlehka a podávejte.

Tvaroh a rýže kastrol

Podává 3–4

Skvělý amalgám chutí a textur přivezený před několika lety ze Severní Ameriky.

225 g/8 oz/1 šálek hnědé rýže
50 g/2 oz/¼ šálku divoké rýže
1,25 litru/2¼ bodu/5½ šálku vroucí vody
10 ml/2 lžičky soli
4 jarní cibulky (cibulky), nahrubo nakrájené
1 malá zelená chilli paprička, zbavená semínek a nakrájená
4 rajčata, blanšírovaná, zbavená kůže a nakrájená na plátky
125 g žampionů nakrájených na plátky
225 g/8 oz/1 šálek tvarohu
75 g/3 oz/¾ šálku sýra Cheddar, strouhaný

Vložte hnědou a divokou rýži do misky o objemu 2,25 l/4 pt/10 šálků. Vmíchejte vodu a sůl. Zakryjte potravinářskou fólií (igelitovou fólií) a dvakrát ji prořízněte, aby mohla unikat pára. Vařte na plný výkon 40–45 minut, dokud není rýže kyprá a měkká. V případě potřeby sceďte a dejte stranou. Naplňte 1,75 l/3 pt/7½ šálku kastrolu (holandská trouba) střídavými vrstvami rýže, cibule, chilli, rajčat, žampionů a tvarohu. Hustě posypte nastrouhaným čedarem. Vařte odkryté 7 minut na plný a dvakrát otočte.

Italské rizoto

Podává 2–3

2,5–5 ml/½–1 lžička šafránového prášku nebo 5 ml/1 lžička nití šafránu

50 g/2 oz/¼ šálku másla

5 ml/1 lžička olivového oleje

1 velká cibule, oloupaná a nastrouhaná

225 g/8 oz/1 šálek snadno uvařené rizoto rýže

600 ml/1 bod/2½ šálku vroucí vody nebo kuřecího vývaru

150 ml/¼ pt/2/3 šálku suchého bílého vína

5 ml/1 lžička soli

50 g/2 oz/½ šálku strouhaného parmazánu

Pokud používáte šafránové prameny, rozdrobte je mezi prsty do šálku na vejce s horkou vodou a nechte 10–15 minut odstát. Polovinu másla a oleje dejte do misky o objemu 1,75 l/3 pt/7½ šálku. Zahřívejte, odkryté, na rozmrazování po dobu 1 minuty. Vmícháme cibuli. Vařte odkryté 5 minut na plný výkon. Vmíchejte rýži, vodu nebo vývar a víno a buď šafránové prameny s vodou, nebo šafránový prášek. Zakryjte potravinářskou fólií (igelitovou fólií) a dvakrát ji prořízněte, aby mohla unikat pára. Vařte na plný výkon po dobu 14 minut, třikrát otočte. Jemně vidličkou vmíchejte zbývající máslo, poté sůl a polovinu parmazánu. Vařte odkryté na plný 4–8 minut a každé 2 minuty jemně promíchejte vidličkou, dokud rýže nevsákne všechnu tekutinu. Doba vaření bude záviset na použité rýži.

Houbové rizoto

Podává 2–3

20 g/1 oz sušených hub, preferenčně hříbků, nalámejte na menší kousky, důkladně omyjte pod tekoucí studenou vodou a poté je na 10 minut namočte do vroucí vody nebo kuřecího vývaru používaného v receptu na italské rizoto. Postupujte jako u italského rizota.

Brazilská rýže

Podává 3–4

15 ml/1 polévková lžíce olivového nebo kukuřičného oleje
30 ml/2 lžíce sušené cibule
225 g/8 oz/1 šálek americké dlouhozrnné nebo basmati rýže
5–10 ml/1–2 lžičky soli
600 ml/1 pt/2½ šálku vroucí vody
2 velká rajčata, blanšírovaná, oloupaná a nakrájená

Nalijte olej do misky o objemu 2 litry/3½ bodu/8½ šálku. Přidejte sušenou cibuli. Vařte odkryté 1¼ minuty na plný výkon. Vmíchejte všechny zbývající ingredience. Zakryjte potravinářskou fólií (igelitovou fólií) a dvakrát ji prořízněte, aby mohla unikat pára. Vařte na plný výkon po dobu 15 minut, přičemž pokrm čtyřikrát otočte. Nechte 2 minuty odstát. Vidličkou zlehka a podávejte.

Španělská rýže

Slouží 6

Severoamerický speciál, který nemá se Španělskem nic společného kromě přidání paprik a rajčat! Jezte k drůbežím a vaječným pokrmům.

225 g/8 oz/1 šálek snadno uvařené dlouhozrnné rýže
600 ml/1 pt/2½ šálku vroucí vody
10 ml/2 lžičky soli
30 ml/2 lžíce kukuřičného nebo slunečnicového oleje
2 cibule, nakrájené nadrobno
1 zelená paprika, zbavená semínek a nahrubo nakrájená
400 g/14 oz/1 velká plechovka nakrájených rajčat

Rýži uvařte ve vodě s polovinou soli podle návodu. Udržujte horké. Nalijte olej do misky o objemu 1,75 l/3 pt/7½ šálku. Zahřívejte, odkryté, na plný po dobu 1 minuty. Vmícháme cibuli a pepř. Vařte bez pokličky na plný výkon 5 minut a dvakrát promíchejte. Vmícháme rajčata. Zahřívejte, odkryté, na plný po dobu 3½ minuty. Horkou rýži rozetřete se zbylou solí a ihned podávejte.

Obyčejný turecký pilaf

Slouží 4

225 g/8 oz/1 šálek snadno uvařené rizoto rýže
Vroucí voda nebo zeleninový vývar
5 ml/1 lžička soli
40 g/1½ unce/3 lžíce másla

Rýži uvaříme ve vroucí vodě nebo vývaru se solí podle návodu. Přidejte máslo do misky nebo misky. Nechte 10 minut odstát. Odkryjte a rozdvojte. Přikryjeme talířem a zahříváme na Full 3 minuty.

Bohatý turecký Pilaf

Slouží 4

225 g/8 oz/1 šálek snadno uvařené rizoto rýže
Vařící voda
5 ml/1 lžička soli
5 cm/2 kusy skořicové tyčinky
40 g/1½ unce/3 lžíce másla
15 ml/1 polévková lžíce olivového oleje
2 cibule, nakrájené nadrobno
60 ml/4 polévkové lžíce pražených piniových oříšků
25 g/1 oz jehněčích nebo kuřecích jater, nakrájených na malé kousky
30 ml/2 lžíce rybízu nebo rozinek
2 rajčata, blanšírovaná, oloupaná a nakrájená

Uvařte rýži ve vodě a soli ve velké misce nebo misce podle pokynů s přidanou tyčinkou skořice. Dát stranou. Máslo a olej dejte do mísy o objemu 1,25 litru/2¼ pt/5½ šálku a zahřívejte, odkryté, na plný výkon po dobu 1 minuty. Smíchejte všechny zbývající ingredience. Přikryjeme talířem a za 2x promícháme 5 minut na plný plyn. Jemně vidličkou vmícháme do horké rýže. Zakryjte jako předtím a znovu zahřívejte na plný 2 minuty.

Thajská rýže s citronovou trávou, limetovými listy a kokosem

Slouží 4

Zázrak vynikající pochoutky, vhodný ke všem pokrmům z kuřecího masa a ryb v thajském stylu.

250 g/9 oz/velký 1 šálek thajské rýže
400 ml/14 fl oz/1¾ šálků konzervovaného kokosového mléka
2 čerstvé listy limetky
1 stéblo citronové trávy, podélně rozdělené, nebo 15 ml/1 polévková lžíce nasekaných lístků meduňky
7,5 ml/1½ lžičky soli

Nasypte rýži do misky o objemu 1,5 litru/2½ bodu/6 šálků. Nalijte kokosové mléko do odměrky a doplňte studenou vodou na objem 600 ml/1 pt/2½ šálku. Zahřívejte bez pokličky na plný 7 minut, dokud nezačne bublat a vařit. Jemně vmícháme do rýže se všemi zbylými ingrediencemi. Zakryjte potravinářskou fólií (igelitovou fólií) a dvakrát ji prořízněte, aby mohla unikat pára. Vařte na plný výkon 14 minut. Nechte 5 minut odstát. Odkryjte a odstraňte citronovou trávu, pokud je použita. Jemně napíchněte na vidličku a lehce měkkou a lepkavou rýži rovnou snězte.

Okra se zelím

Slouží 6

Kuriozita z Gabonu, mírná nebo pálivá v závislosti na množství obsažených chilli.

30 ml/2 lžíce podzemnicového (arašídového) oleje
450 g/1 lb Savoy zelí nebo jarní zelí (collar green), jemně nakrájené
200 g/7 oz okra (dámské prsty), obalené, nakrájené a nakrájené na kousky
1 cibule, nastrouhaná
300 ml/½ pt/1 ¼ šálku vroucí vody
10 ml/2 lžičky soli
45 ml/3 lžíce piniových oříšků, lehce opražených pod grilem (brojler)
2,5–20 ml/¼–4 lžičky chilli prášku

Nalijte olej do zapékací misky o objemu 2,25 l/4 body/10 šálků (holandská trouba). Vmíchejte zeleninu a okra a poté zbývající přísady. Dobře promíchejte. Zakryjte potravinářskou fólií (igelitovou fólií) a dvakrát ji prořízněte, aby mohla unikat pára. Vařte na plný výkon 7 minut. Nechte 5 minut odstát. Vařte na plný výkon další 3 minuty. V případě potřeby sceďte a podávejte.

Červené zelí s jablkem

Slouží 8

Nádherné červené zelí, které je skandinávského a severoevropského původu, s pikantní gammonem, husou a kachnou, je sladkokyselá a nyní docela chytrá příloha, která se nejlépe chová v mikrovlnné troubě, kde si zachovává sytě růžovou barvu.

900 g/2 lb červeného zelí
450 ml/¾ pt/2 šálky vroucí vody
7,5 ml/1½ lžičky soli
3 cibule, nakrájené nadrobno
3 vařená (koláčová) jablka, oloupaná a nastrouhaná
30 ml/2 polévkové lžíce světle měkkého hnědého cukru
2,5 ml/½ lžičky kmínu
30 ml/2 lžíce kukuřičné mouky (kukuřičný škrob)
45 ml/3 lžíce sladového octa
15 ml/1 polévková lžíce studené vody

Zelí ořízněte a odstraňte všechny pohmožděné nebo poškozené vnější listy. Nakrájejte na čtvrtiny a odstraňte tvrdou středovou stopku, poté nakrájejte na co nejjemnější kousky. Vložte do misky o objemu 2,25 l/4 pt/10 šálků. Přidejte polovinu vroucí vody a 5 ml/1 lžičku soli. Přikryjte talířem a vařte na plný 10 minut, přičemž pokrm čtyřikrát otočte. Dobře promíchejte, poté vmíchejte zbývající vroucí vodu a zbývající sůl, cibuli, jablka, cukr a kmín. Zakryjte potravinářskou fólií (igelitovou fólií) a dvakrát ji prořízněte, aby mohla unikat pára. Vařte na plný výkon po dobu 20 minut, přičemž pokrm čtyřikrát otočte. Vyjměte z mikrovlnné trouby. Kukuřičnou mouku smíchejte dohladka s octem a studenou vodou. Přidejte do horkého zelí a dobře promíchejte. Vařte bez pokličky na plný výkon 10 minut a třikrát promíchejte. Nechte vychladnout, než přes noc vychladíte. Sloužit, znovu přikryjte čerstvou přilnavou fólií a dvakrát ji prořízněte, aby mohla uniknout pára, pak před podáváním zahřívejte na 5–6 minut na plný výkon. Alternativně přeneste porce na boční talíře a každý přikryjte kuchyňským papírem a poté jednotlivě ohřívejte na plný po dobu 1 minuty.

Červené zelí s vínem

Slouží 8

Připravte jako červené zelí s jablky, ale polovinu vroucí vody nahraďte 250 ml/8 fl oz/1 šálek červeného vína.

Norské kyselé zelí

Slouží 8

900 g/2 lb bílého zelí
90 ml/6 lžic vody
60 ml/4 lžíce sladového octa
60 ml/4 lžíce krupicového cukru
10 ml/2 lžičky kmínu
7,5–10 ml/1½–2 lžičky soli

Zelí ořízněte a odstraňte všechny pohmožděné nebo poškozené vnější listy. Nakrájejte na čtvrtiny a odstraňte tvrdou středovou stopku, poté nakrájejte na co nejjemnější kousky. Vložte do misky o objemu 2,25 l/4 pt/10 šálků se všemi zbývajícími přísadami. Důkladně promíchejte dvěma lžícemi. Zakryjte potravinářskou fólií (igelitovou fólií) a dvakrát ji prořízněte, aby mohla unikat pára. Vařte v režimu rozmrazování po dobu 45 minut, přičemž pokrm čtyřikrát otočte. Nechte přes noc při kuchyňské teplotě, aby chutě dozrály. Při podávání položte jednotlivé porce na boční talíře a každou přikryjte kuchyňským papírem. Ohřejte jednotlivě na plný výkon, každý asi 1 minutu. Bezpečně zakryjte a poté zmrazte všechny zbytky.

Dušená okra na řecký způsob s rajčaty

Podává 6–8

Tento lehce nekonvenční zeleninový pokrm, který má velmi okrajový východní charakter, se nyní stal životaschopným návrhem, když je okra (dámské prsty) dostupnější. Tento recept je vynikající s jehněčím masem nebo jako pokrm samotný, podávaný s rýží.

900 g/2 lb okra, s vrchní částí a ocasy
Sůl a čerstvě mletý černý pepř
90 ml/6 lžic sladového octa
45 ml/3 lžíce olivového oleje
2 cibule, oloupané a nakrájené nadrobno
6 rajčat, blanšírovaných, oloupaných a nahrubo nakrájených
15 ml/1 polévková lžíce světle měkkého hnědého cukru

Rozložte okra na velký plochý talíř. Chcete-li snížit pravděpodobnost, že se okra rozštěpí a získá slizký pocit, posypte solí a octem. Nechte 30 minut odstát. Umyjte a osušte kuchyňským papírem. Nalijte olej do misky o objemu 2,5 litru/4½ bodu/11 šálku a přidejte cibuli. Vařte bez pokličky na plný výkon 7 minut a třikrát promíchejte. Vmíchejte všechny zbývající ingredience včetně okra a okořeňte podle chuti. Zakryjte talířem a vařte na plný 9–10 minut za míchání třikrát nebo čtyřikrát, dokud okra nezměkne. Před podáváním nechte 3 minuty odstát.

Zelení s rajčaty, cibulí a arašídovým máslem

Podává 4–6

Vyzkoušejte tuto malawiskou specialitu s nakrájeným bílým chlebem jako vegetariánský hlavní chod nebo podávejte jako přílohu ke kuřecímu masu.

450 g / 1 lb jarní zelené (límcové zelené), jemně nasekané
150 ml/¼ pt/2/3 šálku vroucí vody
5–7,5 ml/1–1½ lžičky soli
4 rajčata, blanšírovaná, zbavená kůže a nakrájená na plátky
1 velká cibule, nakrájená nadrobno
60 ml/4 lžíce křupavého arašídového másla

Umístěte zeleninu do misky o objemu 2,25 l/4 pt/10 šálků. Smíchejte ve vodě a soli. Zakryjte potravinářskou fólií (igelitovou fólií) a dvakrát ji prořízněte, aby mohla unikat pára. Vařte na plný výkon 20 minut. Odkryjeme a vmícháme rajčata, cibuli a arašídové máslo. Zakryjte jako předtím a vařte na plný 5 minut.

Sladkokyselá smetanová řepa

Slouží 4

Tento atraktivní způsob prezentace červené řepy sahá až do roku 1890, ale v současnosti je opět v módě.

450 g/1 lb vařené červené řepy (červená řepa), nahrubo nastrouhané
150 ml/¼ pt/2/3 šálku dvojité (těžké) smetany
Sůl
15 ml/1 polévková lžíce octa
30 ml/2 lžíce cukru demerara

Vložte červenou řepu do misky 900 ml/1½ pt/3¾ šálku se smetanou a solí podle chuti. Přikryjte talířem a prohřívejte na Full 3 minuty, jednou promíchejte. Vmícháme ocet a cukr a ihned podáváme.

Červená řepa v pomeranči

Podává 4–6

Živá a originální příloha k vánočnímu masu a drůbeži.

450 g/1 lb vařené červené řepy (červená řepa), oloupané a nakrájené na plátky
75 ml/5 lžic čerstvě vymačkané pomerančové šťávy
15 ml/1 polévková lžíce sladového octa
2,5 ml/½ lžičky soli
1 stroužek česneku, oloupaný a rozdrcený

Vložte červenou řepu do mělké misky o průměru 18 cm/7. Zbylé suroviny smícháme a nalijeme na červenou řepu. Zakryjte potravinářskou fólií (igelitovou fólií) a dvakrát ji prořízněte, aby mohla unikat pára. Vařte na plný výkon po dobu 6 minut a třikrát otočte. Nechte 1 minutu odstát.

Vroubkovaný celer

Slouží 6

Pohledná zimní příloha v gurmánském stylu, která se šťastně kombinuje s rybami a drůbeží.

4 libové plátky (plátky) slaniny, nakrájené
900 g/2 lb celeru (kořen celeru)
300 ml/½ pt/1¼ šálku studené vody
15 ml/1 polévková lžíce citronové šťávy
7,5 ml/1½ lžičky soli
300 ml/½ pt/1¼ šálku jednoduché (světlé) smetany
1 malý sáček bramborových lupínků (chips), rozdrcených v sáčku

Slaninu dejte na talíř a přikryjte kuchyňským papírem. Vařte na plný výkon 3 minuty. Celer hustě oloupeme, dobře omyjeme a každou hlávku nakrájíme na osm kusů. Vložte do misky o objemu 2,25 l/4 pt/10 šálků s vodou, citronovou šťávou a solí. Zakryjte potravinářskou fólií (igelitovou fólií) a dvakrát ji prořízněte, aby mohla unikat pára. Vařte na plný výkon po dobu 20 minut, přičemž pokrm čtyřikrát otočte. Vypusťte. Nakrájejte celer a vraťte do misky. Vmícháme slaninu se smetanou a posypeme lupínky. Vařte odkryté 4 minuty na plný a dvakrát otočte. Před podáváním nechte 5 minut odstát.

Celer s holandskou pomerančovou omáčkou

Slouží 6

Celer s nádherně zlatavou, lesknoucí se polevou z citrusové holandské omáčky, kterou můžete vyzkoušet ke kachně a zvěřině.

900 g/2 lb celeru (kořen celeru)
300 ml/½ pt/1¼ šálku studené vody
15 ml/1 polévková lžíce citronové šťávy
7,5 ml/1½ lžičky soli
Maltská omáčka
1 velmi sladký pomeranč, oloupaný a nakrájený na plátky

Celer hustě oloupeme, dobře omyjeme a každou hlávku nakrájíme na osm kusů. Vložte do misky o objemu 2,25 l/4 pt/10 šálků s vodou, citronovou šťávou a solí. Zakryjte potravinářskou fólií (igelitovou fólií) a dvakrát ji prořízněte, aby mohla unikat pára. Vařte na plný výkon po dobu 20 minut, přičemž pokrm čtyřikrát otočte. Vypusťte. Nakrájejte celer a vraťte do misky. Udržujte horké. Udělejte maltskou omáčku a lžící nalijte na celer. Ozdobte plátky pomeranče.

Hrnec na zeleninu pro hubnutí

Slouží 2

Připravte jako u Slimmer's Fish Pot, ale vynechejte ryby. Přidejte na kostičky nakrájenou dužinu ze 2 avokád k uvařené zelenině s kořením a bylinkami. Přikryjte a znovu zahřívejte na plný 1½ minuty.

Slimmers' Zeleninový hrnec s vejci

Slouží 2

Připravte jako u Slimmer's Vegetable Pot, ale každou porci posypte 1 nasekaným natvrdo (uvařeným) vejcem.

Ratatouille

Podává 6–8

Exploze středomořských chutí a barev je nedílnou součástí tohoto nádherného zeleninového pot-pourri. Horké, studené nebo teplé – zdá se, že se hodí ke všemu.

60 ml/4 lžíce olivového oleje
3 cibule, oloupané a nahrubo nakrájené
1–3 stroužky česneku, rozdrcené
225 g cukety (cukety), nakrájené na tenké plátky
350 g/12 oz/3 šálky nakrájeného lilku (lilek)
1 velká červená nebo zelená (zvonková) paprika, zbavená semínek a nakrájená
3 zralá rajčata, oloupaná, blanšírovaná a nakrájená
30 ml/2 lžíce rajčatového protlaku (pasta)
20 ml/4 lžičky světle měkkého hnědého cukru
10 ml/2 lžičky soli
45–60 ml/3–4 lžíce nasekané petrželky

Nalijte olej do misky o objemu 2,5 litru/4½ bodu/11 šálků. Zahřívejte, odkryté, na plný po dobu 1 minuty. Vmícháme cibuli a česnek. Vařte odkryté 4 minuty na plný plyn. Vmíchejte všechny zbývající ingredience kromě poloviny petrželky. Zakryjte talířem a vařte na plný 20 minut za míchání třikrát nebo čtyřikrát. Odkryjte a vařte na plný 8–10 minut, čtyřikrát promíchejte, dokud se většina tekutiny neodpaří.

Vmícháme zbylou petrželku. Podávejte ihned nebo vychladněte, přikryjte a vychlaďte, pokud budete konzumovat později.

Karamelizovaný pastinák

Slouží 4

Ideální ke všem drůbežím a hovězím pečínkám, vybírejte k tomu baby pastinák ne větší než velká mrkev.

450 g/1 lb malého pastináku, nakrájeného na tenké plátky
45 ml/3 polévkové lžíce vody
25 g/1 oz/2 lžíce másla
7,5 ml/1½ polévkové lžíce tmavě hnědého cukru
Sůl

Pastinák vložte do misky o objemu 1,25 l/2¼ pt/5½ šálku s vodou. Zakryjte potravinářskou fólií (igelitovou fólií) a dvakrát ji prořízněte, aby mohla unikat pára. Vařte na plný výkon po dobu 8–10 minut, otočte misku a dvakrát s obsahem jemně protřepejte, dokud nezměkne. Vypusťte vodu. Přidejte máslo a cukr a promíchejte pastinák, aby se důkladně obalil. Zahřívejte, odkryté, na plný výkon po dobu 1–1½ minuty, dokud nezesklovatí. Posypte solí a rovnou snězte.

Pastinák s omáčkou z vajec a máslové drobenky

Slouží 4

450 g/1 lb pastinák, nakrájený na kostičky
45 ml/3 polévkové lžíce vody
75 g/3 oz/1/3 šálku nesoleného (sladkého) másla
4 jarní cibulky (cibulky), nakrájené nadrobno
45 ml/3 lžíce světlé toastové strouhanky
1 natvrdo uvařené vejce, nastrouhané
30 ml/2 lžíce jemně nasekané petrželky
Šťáva z ½ malého citronu

Vložte pastinák do misky o objemu 1,5 litru/2½ bodu/6 šálku s vodou. Zakryjte potravinářskou fólií (igelitovou fólií) a dvakrát ji prořízněte, aby mohla unikat pára. Vařte na plný výkon 8–10 minut. Při přípravě omáčky nechte odstát. Máslo dejte do odměrky a odkryté nechte 2–2½ minuty rozpustit v režimu rozmrazování. Vmíchejte cibuli a vařte odkryté 3 minuty na rozmrazování a dvakrát promíchejte. Smíchejte všechny zbývající ingredience a zahřívejte na rozmrazování po dobu 30 sekund. Pastinák sceďte a přendejte do vyhřáté servírovací mísy. Pokapeme drobenkovou omáčkou a ihned podáváme.

Čokoládové fondue

Podává 3–4

200 g hladké (polosladké) čokolády
150 ml/¼ pt/2/3 šálku dvojité (těžké) smetany
15 ml/1 lžička whisky, rum, brandy nebo likér s příchutí pomeranče
nebo 5 ml/1 lžička vanilkové esence (extrakt)
Malé sušenky, marshmallows a/nebo kousky čerstvého ovoce k podávání

Čokoládu nalámejte a vložte do mísy. Roztavte, odkryté, na rozmrazování po dobu 4–5 minut, dokud nezměkne. Vmíchejte smetanu a zahřívejte, odkryté, na rozmrazování asi 1½ minuty. Vmíchejte alkohol nebo vanilkovou esenci. Podávejte teplé se sušenkami, marshmallow a/nebo kousky čerstvého ovoce na namáčení.

Pomerančové čokoládové fondue

Podává 3–4

Připravte se jako na Čokoládové fondue, ale použijte pouze Grand Marnier, Napolský likér Mandarine nebo Cointreau. Ochutíme 5 ml/1 lžičku jemně nastrouhané pomerančové kůry.

Mocha Fondue

Podává 3–4

Připravte jako u Čokoládového fondue, ale ke smetaně přidejte 15 ml/1 polévkovou lžíci práškové instantní kávy a k dochucení použijte pouze Tia Maria, Kahlua nebo kávovou esenci (extrakt).

Fondue z bílé čokolády

Podává 3–4

Připravte jako u Čokoládového fondue, ale bílou čokoládu nahraďte čistou (polosladkou) a před rozpuštěním přidejte do čokolády 30 ml/2 polévkové lžíce odměřené smetany. Místo doporučených lihovin dochuťte vanilkovou esencí (extrakt) nebo pomerančovým likérem.

Fondue Toblerone

Podává 3–4

Připravte jako u Čokoládového fondue, ale obyčejnou (polosladkou) čokoládu nahraďte bílou, mléčnou nebo tmavou Toblerone čokoládou.

Královská čokoládová pěna

Dělá 10–12

15 ml/1 polévková lžíce práškové želatiny
150 ml/¼ pt/2/3 šálku studené vody
500 g/1 lb 2 oz hladké (polosladké) čokolády (70 % kakaa)
30 ml/2 lžíce másla
75 ml/3 fl oz/5½ polévkové lžíce silné horké kávy
4 vejce, kuchyňské teploty, oddělená
Špetka soli
Kávový nebo kakaový (neslazená čokoláda) prášek k podávání

Namočte želatinu ve skleněné konvici do studené vody na 5 minut. Odkryté tavte na plný 1½–2 minuty, dokud nebude kapalina čirá. Zamíchejte a poté odstavte. Čokoládu nalámejte a dejte do poměrně velké mísy s máslem a kávou. Roztavte, odkryté, na rozmrazování po dobu 6–7 minut. Vmícháme žloutky a rozpuštěnou želatinu. Chlaďte, dokud nezačne houstnout a lehce ztuhněte kolem okrajů. Z bílků a soli ušlehejte tuhý sníh. Jednu třetinu zašlehejte do čokoládové směsi a poté jemně a hladce vmíchejte zbytek. Rozdělte mezi 10–12 ramekinových misek (pudinkových šálků). Chlaďte několik hodin, dokud neztuhne. Před podáváním popráším kávou nebo kakaem.

Hrušky holandského typu s čokoládovou Advocaat Mousse

Slouží 6

10 ml/2 lžičky práškové želatiny
30 ml/2 polévkové lžíce studené vody
100 g hladké (polosladké) čokolády
2 vejce, kuchyňské teploty, oddělená
150 ml/¼ pt/2/3 šálku advocaat (vaječný likér)
425 g/15 oz/1 velká plechovka půlky hrušek ve šťávě nebo sirupu, okapané
30 ml/2 lžíce nasekaných pistáciových oříšků

Želatinu namočte ve skleněné konvici na 5 minut do studené vody. Roztavte, odkryté, na Full po dobu 1–1½ minuty, dokud nebude kapalina čirá. Promícháme a dáme stranou. Čokoládu nalámejte a dejte do samostatné misky. Roztavte, odkryté, na rozmrazování po dobu 3–3½ minuty. Dobře promíchejte. Vmícháme rozpuštěnou želatinu, žloutky a advocaat. Šlehejte, dokud nebude hladká a rovnoměrně spojená. Přikryjte a chlaďte, dokud nezačne houstnout a tuhnout. Bílky vyšleháme do tuhého sněhu. Jednu třetinu zašleháme do čokoládové směsi a zbytek vmícháme kovovou lžičkou. Hrušky rozdělte do šesti sklenic na poháry a rovnoměrně posypte čokoládovou směsí. Chlaďte, dokud neztuhne. Před podáváním posypte ořechy.

Tradiční čokoládová pěna

Slouží 4

100 g hladké (polosladké) čokolády
15 ml/1 polévková lžíce nesoleného (sladkého) másla
4 vejce kuchyňské teploty, oddělená
Špetka soli
Piškoty (sušenky) k podávání

Nalámejte čokoládu a vložte do 1,25 l/2¼ pt/5½ šálku mísy s máslem. Zahřívejte, odkryté, na rozmrazování po dobu 3½–4 minut, jednou nebo dvakrát zamíchejte, dokud se obojí nerozpustí. Vmícháme žloutky. V samostatné misce ušlehejte bílky a sůl na tuhý sníh. Jednu třetinu zašlehejte do čokoládové směsi a poté hladce vmíchejte zbytek velkou kovovou lžící. Nalijte do čtyř sklenic na víno se stopkou. Přikryjeme kuchyňským papírem a důkladně vychladíme. Jezte piškotovými prsty.

Čokoládově pomerančová pěna

Slouží 4

Připravte jako tradiční čokoládovou pěnu, ale přidejte 10 ml/2 lžičky jemně nastrouhané pomerančové kůry se žloutky.

Mocha Mousse

Slouží 4

Připravte jako tradiční čokoládovou pěnu, ale přidejte 10 ml/2 lžičky granulí instantní kávy se žloutky.

Čokoládová peprmintová krémová pěna

Slouží 4

Připravte jako tradiční čokoládovou pěnu, ale přidejte pár kapek mátové esence (extraktu) se žloutky. Těsně před podáváním ozdobte vršek každého šlehačkou.

Berlin Air

Podává 6–8

Německá odpověď na italské zabaglione a britské osnovy.

4 velká vejce, oddělená

Špetka soli

150 g/5 uncí/2/3 šálku moučkového (velmi jemného) cukru

5 ml/1 lžička vanilkové esence (extrakt)

10 ml/2 lžičky kukuřičné mouky (kukuřičný škrob)

150 ml/¼ pt/2/3 šálku sladkého bílého vína

150 ml/¼ pt/2/3 šálku dvojité (těžké) smetany

30 ml/2 lžíce brandy

Oplatkové sušenky (cookies) a míchané bobulovité ovoce (volitelné), k podávání

Bílky ušleháme se solí dotuha. Ve velké míse šlehejte žloutky, cukr a vanilku, dokud není směs bledá a hustá. Jemně zašleháme bílky. Kukuřičnou mouku smíchejte dohladka s trochou vína a poté vmíchejte zbytek. Vmícháme do vaječné směsi. Vařte odkryté po dobu 3½ minuty, prošlehejte každých 30 sekund, dokud směs nezpění a nebude připomínat hustý pudink. Přikryjeme a necháme úplně vychladnout. Ve velké míse ušlehejte smetanu s brandy do zhoustnutí. Postupně zašleháme vaječnou směs. Lžící nalijte do šesti až osmi jednotlivých misek ramekin (pudinkových šálků) a důkladně vychlaďte. Podávejte s křupavými oplatkovými sušenkami a v sezóně doplňte čerstvým bobulovým ovocem.

Krémový karamel

Slouží 4

Připravte si jedno množství pečeného vaječného pudinku. Nalijte koupenou karamelovou omáčku do čtyř máslem vymazaných ramekinových misek (pudinkových kelímků) a přidejte vaječný pudink. Vařte odkryté v režimu rozmrazování 8–9 minut, dokud pudink neztuhne. Nechte vychladnout a poté důkladně vychlaďte. Vyklopíme na jednotlivé talíře a podáváme s krémem.

Pikantní broskve a pomeranče v červeném víně

Podává 6–8

8 velkých zralých broskví, blanšírovaných a zbavených slupky
Citronová šťáva
300 ml/½ pt/1¼ šálku suchého červeného vína
175 g/6 oz/¾ šálku moučkového (velmi jemného) cukru
5 cm/2 kusy skořicové tyčinky
4 celé hřebíčky
2 lusky kardamomu
2 pomeranče, neoloupané a nakrájené na tenké plátky

Broskve rozpůlíme a kroucením oddělíme. Odstraňte kameny (jámy). Dužinu po celém povrchu potřeme citronovou šťávou. Zbývající ingredience kromě pomerančů dejte do hluboké misky o průměru 20 cm/8. Přikryjeme obráceným talířem a zahříváme na Full 4 minuty. Promíchejte. Přidejte broskve řezem dolů a náhodně mezi ně poskládejte plátky pomeranče. Zakryjte potravinářskou fólií (igelitovou fólií) a dvakrát ji prořízněte, aby mohla unikat pára. Vařte na plný výkon 10 minut, dvakrát otočte. Před podáváním vychlaďte a vychlaďte.

Pikantní hrušky a pomeranče v červeném víně

Podává 6–8

Připravte jako pikantní broskve a pomeranče v červeném víně, ale za broskve nahraďte 8 malých dezertních hrušek, oloupaných, rozpůlených a zbavených jádřinců.

Skladovací skříň Malinová pěna

Slouží 6

15 ml/1 polévková lžíce práškové želatiny
30 ml/2 polévkové lžíce studené vody
425 g/15 oz/1 velká plechovka maliny v sirupu, scezené a sirup rezervován
3 vejce, oddělená
45 ml/3 polévkové lžíce moučkového (velmi jemného) cukru
Špetka soli
150 ml/¼ pt/2/3 šálku smetany ke šlehání
15 ml/1 polévková lžíce opražených a nasekaných lískových ořechů na ozdobu

Želatinu dejte do džbánu se studenou vodou. Promícháme a necháme 5 minut změknout. Odkryté tavte na plné 2 minuty, dokud není tekutina čirá. Do želatiny přidejte malinový sirup. Jemně zašleháme žloutky a cukr. Přikryjte a chlaďte, dokud nezačne houstnout a tuhnout. Z bílků a soli ušleháme tuhý sníh. Smetanu vyšleháme do zhoustnutí. Do želatinové směsi ušlehejte jednu třetinu bílků, poté vmíchejte dvě třetiny malin a tři čtvrtiny smetany. Kovovou lžičkou vmícháme zbývající bílky. Když je hladká a dobře propojená, přendejte do šesti dezertních misek. Přikryjte a ochlaďte, dokud neztuhne. Před podáváním vmícháme zbylou smetanu do zbylých malin a použijeme na ozdobení vrchní části pěn.

Vaječný pudink, meruňka a sherry drobnost

Slouží 8

600 ml/1 bod/2½ šálku plnotučného mléka nebo poloviny jednoduché (lehké) smetany a poloviny mléka
15 ml/1 polévková lžíce kukuřičné mouky (kukuřičný škrob)
15 ml/1 polévková lžíce studené vody
4 velká vejce
75 ml/5 lžic moučkového (velmi jemného) cukru
5 ml/1 lžička vanilkové esence (extrakt)
2 švýcarské rohlíky plněné marmeládou (želé), nakrájené na tenké plátky
425 g/15 oz/1 velká plechovka půlky meruněk, okapané
30 ml/2 lžíce sladkého sherry
60 ml/4 lžíce meruňkového sirupu
150 ml/¼ pt/2/3 šálku dvojité (těžké) smetany
Stovky a tisíce, na ozdobu

Nalijte mléko do džbánu. Teplý, odkrytý, na plný 2 minuty. Vložte kukuřičnou mouku a vodu do misky o objemu 1,25 litru/2¼ pt/5½ šálku a míchejte, dokud nebude hladká. Jedno po druhém zašlehejte vejce. Přidejte 45 ml/3 lžíce moučkového cukru a vmíchejte teplé mléko. Vařte odkryté 5–6 minut za stálého míchání každou minutu, dokud pudink nebude konzistence tenkého povlaku (chladnutím zhoustne). Vmíchejte vanilku. Přikryjte a dejte stranou. Postavte osm plátků švýcarské rolky ke straně hluboké skleněné servírovací misky o průměru 20 cm/8. 8 půlek meruněk si nechte na ozdobu a zbytek nasekejte nahrubo. Použijte k pokrytí dna misky zbývajícím švýcarským rohlíkem. Navlhčete sherry a meruňkovým sirupem. Potřeme polovinou teplého pudinku a necháme dobře vsáknout. Zbylým pudinkem přelijeme vrch. Přikryjte a chlaďte 4–5 hodin. Před podáváním, ušleháme smetanu a zbývající moučkový cukr do zhoustnutí. Použijte k ozdobení vršku drobnosti, navrch pak naaranžujte odložené půlky meruněk. Prach se stovkami a tisíci.

Zkrácený Sherry Trifle

Podává 6–8

1 švýcarská roláda plněná marmeládou (zavařeninou), nakrájená na tenké plátky
45 ml/3 lžíce sladkého sherry
425 g/15 oz/1 velká plechovka plátky broskví nebo ovocný koktejl, scezené a sirup vyhrazen
45 ml/3 polévkové lžíce pudinkového prášku
30 ml/2 lžíce moučkového (velmi jemného) cukru
600 ml/1 bod/2½ šálku studeného mléka
150 ml/¼ pt/2/3 šálku šlehačky
Stovky a tisíce a červené glacé (kandované) třešně

Plátky švýcarské rolky položte na základnu a do poloviny stěny mělké skleněné mísy. Navlhčete sherry a několika lžícemi odloženého sirupu. Zakryjeme okapaným ovocem. Pudinkový prášek a cukr dejte do poměrně hluboké misky a hladce promíchejte s trochou studeného mléka. Zbytek rozmixujte. Vařte odkryté 8 minut na plný plyn a každou minutu rychle prošlehejte, aby pudink zůstal hladký. Nechte mírně vychladnout a poté nalijte na maličkost. Vychladlé přikryjte a důkladně vychlaďte. Před podáváním ozdobíme šlehačkou, stovkami a tisíci a glacé třešněmi.

Poznámka: zbylý sirup spotřebujte do salátu z čerstvého ovoce.

Čokoládový krém maličkost

Slouží 8

Připravte jako vaječný pudink, meruňku a sherry Trifle, ale místo džemu použijte 2 čokoládové švýcarské (želé) rohlíčky plněné krémem. Nahraďte sherry kávovým likérem a meruňky konzervované půlky hrušek. Místo stovek a tisíců posypte strouhanou čokoládou nebo drcenou vločkovou tyčinkou.

Drobnost s piškoty

Podává 6–8

Vyrobte kteroukoli ze tří výše uvedených drobností, ale švýcarskou rolku nahraďte zakoupenými piškoty (8 v balíčku). Rozdělte a naplňte marmeládou (zavařte), tvarohem nebo čokoládovou pomazánkou.

Nadýchané citronové mraky

Podává 4–5

300 ml/½ bodu/1¼ šálku studeného mléka
25 ml/1 ½ lžičky pudinkového prášku
15 ml/1 polévková lžíce moučkového (velmi jemného) cukru
2 velká vejce, oddělená
1 balíček citronové želé (želé)
Špetka soli
Sezónní ovoce, na ozdobu

Část studeného mléka smíchejte ve velké míse hladce s pudinkovým práškem. Vmíchejte zbytek. Vařte odkryté 3–3½ minuty a každou minutu šlehejte, aby se netvořily hrudky, dokud se směs nepřivede k varu a nezhoustne. Všlehejte cukr a žloutky. Přikryjte kouskem přilnavé fólie (plastové fólie) a položte ji přímo na povrch pudinku, aby se zabránilo tvorbě slupky. Nechte vychladnout. Želé nalámejte na kostičky. Vložte do odměrky s 60 ml/4 polévkové lžíce vody. Přikryjte podšálkem a rozpusťte na 2–2 ½ minuty a dvakrát promíchejte. Doplňte na 300 ml/½ pt/1¼ šálku studenou vodou. Sejměte potravinářskou fólii z pudinku a zašlehejte rozpuštěné želé. Přikryjte a chlaďte, dokud směs nezačne houstnout a tuhnout. Z bílků a soli ušleháme tuhý sníh. Jednu třetinu vmícháme do želé směsi, zbytek pak hladce složte velkou kovovou lžící nebo balónkovou metličkou. Přeneste do čtyř nebo pěti dezertních sklenic nebo misek. Přikryjte a ochlaďte, dokud neztuhne a neztuhne. Ozdobte čerstvým sezónním ovocem.

Nadýchané limetkové mraky

Podává 4–5

Připravte se jako u Fluffy Lemon Clouds, ale citron nahraďte limetkovým želé (želé).

Jablečný sníh

Slouží 4

30 ml/2 polévkové lžíce bílého prášku s vanilkovou příchutí
450 ml/¾ pt/2 šálky studeného mléka
45 ml/3 polévkové lžíce moučkového (velmi jemného) cukru
125 g/4 oz/½ šálku hladkého jablečného pyré (jablečná omáčka)
2 velká vejce, oddělená
Šťáva z citronové šťávy
Nastrouhaná citronová kůra

Bílý prášek nasypte do misky o objemu 1,75 l/3 pt/7½ šálku. Hladce rozmícháme s 60 ml/4 polévkové lžíce odměřeného mléka. Zbývající mléko nalijte do mísy. Zahřívejte, odkryté, na plný po dobu 4 minut. Vmícháme do blancmange směsi. Přidejte cukr a důkladně promíchejte. Vařte odkryté asi 2½ minuty a každou minutu prošlehejte, dokud nebude hladká a zhoustne. Všlehejte jablečný protlak a žloutky. Přikryjeme a necháme vychladnout do vlažného stavu. Bílky a citronovou šťávu vyšleháme do tuhého sněhu. Jednu třetinu zašlehejte do směsi s blancmange a poté opatrně vmíchejte zbytek velkou kovovou lžící. Lžící do čtyř misek nebo sklenic. Přikryjte a nechte několik hodin chladit. Před podáváním každý lehce posypte citronovou kůrou.

Meruňkový sníh

Slouží 4

Připravte jako na Jablečný sníh, ale jablečné pyré nahraďte meruňkovým pyré (omáčkou).

Lemon Meringue Kořeněné hrušky

Slouží 6

Celkově balíček s překvapením.

75 g/3 oz/1/3 šálku světle měkkého hnědého cukru
300 ml/½ pt/1¼ šálku vody
60 ml/4 polévkové lžíce suchého bílého vína
5 cm/2 palce kousek skořice
4 celé hřebíčky
6 pevných dezertních hrušek
1 balíček citronové směsi na pusinky
150 ml/¼ pt/2/3 šálku mléka při kuchyňské teplotě
Jemně nastrouhaná kůra z 1 malého citronu
Listy bazalky, na ozdobu

Vložte cukr, vodu, víno, tyčinku skořice a hřebíček do misky o objemu 1,75 l/3 pt/7½ šálku. Zahřívejte, odkryté, na plný po dobu 3 minut. Dát stranou. Hrušky oloupejte, stopky nechte na místě. Narovnejte do misky a potřete pikantní sirupovou směsí. Zasuňte misku do pečícího sáčku a zavažte provázkem. Vařte na plný výkon 7 minut. Vyjměte z mikrovlnné trouby a vyjměte misku ze sáčku. Sirup opatrně sceďte do odměrky. Vmícháme citronovou náplň. Zakryjte podšálkem a vařte na plný výkon 2–3 minuty, šlehejte každých 30 sekund, dokud se směs nepřivede k varu. Nechte 5 minut vychladnout. Vmícháme mléko a citronovou kůru. Hrušky i citronovou omáčku přikryjte a nechte několik hodin chladit. Před podáváním potřeme hrušky asi polovinou omáčky a ozdobíme lístky bazalky.

Finský brusinkový bič

Slouží 6

225 g brusinek, rozmražených, pokud jsou zmrazené
150 ml/¼ pt/2/3 šálku vody
175 g/6 oz/¾ šálku moučkového (velmi jemného) cukru
5 ml/1 lžička jemně nastrouhané citronové kůry
150 ml/¼ pt/2/3 šálku smetany ke šlehání
150 ml/¼ pt/2/3 šálku dvojité (těžké) smetany
2 velké bílky

Vložte brusinky, vodu, cukr a citronovou kůru do misky o objemu 1,25 l/2¼ pt/5½ šálku. Zakryjte talířem a vařte na plný 8½ minuty, dvakrát promíchejte a rozdrťte ovoce o stěnu misky. Nechte zcela vychladnout. Smetany ušlehejte dohromady do zhoustnutí. Bílky vyšleháme do tuhého sněhu. Do brusinek střídavě vmícháme smetanu a sníh z bílků. Přeneste do šesti samostatných pokrmů. Před podáváním lehce vychlaďte.

Brusinkový a pomerančový bič

Slouží 6

Připravte jako u finského brusinkového šlehače, ale přidejte 10 ml/2 lžičky nastrouhané pomerančové kůry s citronovou kůrou.

Kissel

Slouží 4

Ruská odpověď na blancmange, vyrobené z ovoce, které divoce roste na venkově kolem venkovských chat nebo dřevěných prázdninových domů.

450 g/1 lb smíšené měkké bobulovité ovoce
60 ml/4 lžíce červeného vína, jablečné šťávy nebo vody
75 g/3 oz/1/3 šálku moučkového (velmi jemného) cukru
5 ml/1 lžička vanilkové esence (extrakt)
Kůra z 1 citronu nakrájíme na proužky
15 ml/1 polévková lžíce kukuřičné mouky (kukuřičný škrob) nebo bramborové mouky
30 ml/2 polévkové lžíce studené vody
Jednoduchá (lehká) smetana nebo domácí jogurt k podávání

Ovoce rozmixujte na kaši v mixéru nebo kuchyňském robotu. Prosejte, abyste odstranili semínka. Víno, džus nebo vodu nalijte do mixovací nádoby. Přidejte cukr, vanilku a proužky citronu. Přikryjte talířem a vařte 3½ minuty na plný plyn, dvakrát promíchejte, aby se cukr rozpustil. Přidejte bobulovou kaši. Zakryjte jako předtím a vařte na plný 2 minuty. Přeceďte do čisté misky. Kukuřičnou nebo bramborovou mouku rozmixujte dohladka s vodou. Přidejte do ovocné směsi. Vařte odkryté 2–3 minuty na plný plyn, třikrát promíchejte, dokud nezhoustne. Nechte mírně vychladnout. Přeneste do čtyř dezertních misek, poté přikryjte a nechte několik hodin chladit. Před podáváním přetřete smetanu nebo jogurt.

Domácí jogurt

Vyrobí asi 900 ml/1½ bodu/3¾ šálku

900 ml/1½ bodu/3¾ šálků plnotučného mléka
60 ml/4 polévkové lžíce sušeného odstředěného mléka (netučné sušené mléko)
150 ml/¼ pt/2/3 šálku bílého jogurtu

Nalijte mléko do misky. Zahřívejte odkryté v režimu rozmrazování asi 4–5 minut, dokud nebude vlažné, ale ne horké. Všlehejte odtučněné mléko a jogurt. Pokrýt. Nechte 12 hodin stát na teplém místě, dokud neztuhne – ideální je lněná skříň. Uchovávejte v chladu v chladničce.

Meruňkové hrnce

Slouží 8

350 g/12 oz/2 šálky sušených půlek meruněk
600 ml/1 pt/2½ šálku vroucí vody
30 ml/2 polévkové lžíce pomerančové květové vody
60 ml/4 polévkové lžíce moučkového (cukrářského) cukru, prosátého
225 g/8 oz/1 šálek hustého bílého jogurtu řeckého typu
Malinový Coulis

Meruňky důkladně omyjte, poté namočte ve vroucí vodě přikryté talířem alespoň na 6 hodin. Scedíme a přendáme do mísy. Přidejte odměřenou vroucí vodu. Zakryjte potravinářskou fólií (igelitovou fólií) a dvakrát ji prořízněte, aby mohla unikat pára. Vařte v režimu rozmrazování 25–30 minut, třikrát otočte mísou. Vyndejte z mikrovlnné trouby a nechte vychladnout do vlažné. Vložte do kuchyňského robotu s vodou z pomerančových květů a cukrem a nechte stroj běžet, dokud se ze směsi nevytvoří docela hladké pyré. Smíchejte s jogurtem a lžící rovnoměrně nalijte do osmi misek ramekin (pudinkových kelímků). Přikryjte a ochlaďte. Před podáváním každý obložíme coulis.

Prořezávané květináče

Slouží 8

350 g sušených sušených švestek (vypeckovaných).
600 ml/1 pt/2½ šálku vroucí vody
30 ml/2 polévkové lžíce pomerančové květové vody
60 ml/4 polévkové lžíce moučkového (cukrářského) cukru, prosátého
30–45 ml/2–3 polévkové lžíce armaňaku
225 g/8 oz/1 šálek hustého bílého jogurtu řeckého typu
Nasekané pekanové ořechy a cukr demerara k podávání

Důkladně omyjte švestky, poté je namočte ve vroucí vodě přikryté talířem alespoň na 6 hodin. Scedíme a přendáme do mísy. Přidejte odměřenou vroucí vodu. Zakryjte potravinářskou fólií (igelitovou fólií) a dvakrát ji prořízněte, aby mohla unikat pára. Vařte v režimu rozmrazování 25–30 minut, třikrát otočte mísou. Vyndejte z mikrovlnné trouby a nechte vychladnout do vlažné. Scezené sušené švestky, vodu z pomerančových květů, cukr a armaňak dejte do kuchyňského robotu a nechte stroj běžet, dokud ze směsi nevznikne docela hladké pyré. Smíchejte s jogurtem a lžící rovnoměrně nalijte do osmi misek ramekin (pudinkových kelímků). Přikryjte a ochlaďte. Před podáváním každý posypte pekanovými ořechy a cukrem demerara.

Třešňové jubileum

Slouží 6

Jeden z cenových exemplářů Severní Ameriky a ukázka navržená tak, aby zapůsobila.

400 g/14 oz/1 velká plechovka ovocná náplň z černé třešně
30 ml/2 polévkové lžíce studené vody
30 ml/2 polévkové lžíce Kirsch nebo brandy
Vanilková zmrzlina

Ovocnou náplň dáme do misky a rozmícháme ve vodě. Zahřívejte, odkryté, na rozmrazování po dobu 3 minut. Zamíchejte. Rovnoměrně rozetřete do mělké servírovací misky. V samostatné misce zahřejte lihovinu odkrytou v režimu rozmrazování po dobu 45 sekund. Nalijte na třešně a opatrně zapalte. Ihned podávejte přes kopečky zmrzliny.

Plody lesního jubilea

Slouží 6

Připravte jako na Třešňové jubileum, ale jablečnou a ostružinovou ovocnou náplň nahraďte višňovou a jahodovou zmrzlinou vanilkovou.

Holandské čokoládové poháry

Slouží 4

90 ml/6 polévkových lžic advocaat
75 ml/5 lžic jednoduché (lehké) smetany
2 malé banány, nakrájené na tenké plátky
Vanilková nebo čokoládová zmrzlina
1 čokoládová tyčinka, rozdrcená

Advocaat nalijte do misky a vmíchejte smetanu. Přidejte banány. Zahřívejte, odkryté, na rozmrazování po dobu 3 minut. Jemně promíchejte. Nalijte na kopečky zmrzliny v miskách s poháry nebo dezertními skleničkami a posypte čokoládovými vločkami. Jezte hned.

Krémové likérové poháry

Slouží 4

Připravte jako holandské čokoládové poháry, ale nahraďte advocaat jakýmkoli smetanovým likérem, množství podle chuti.

Želé z hroznů a malin

Slouží 4

1 balíček malinového želé (želé)
225 g/8 oz smíchaných černých a zelených hroznů bez pecek,
opláchnutých a okapaných
Oplatkové sušenky (cookies), k podávání

Želé nakrájejte kuchyňskými nůžkami na kostičky a vložte do odměrky s 60 ml/4 lžíce studené vody. Roztavte, odkryté, na rozmrazování po dobu 2–2½ minuty. Doplňte na 450 ml/¾ pt/2 šálky studenou vodou. Přikryjte a chlaďte, dokud nezačne houstnout a tuhnout – nesmí být vůbec tekuté. Do zahuštěného želé vložíme lžící hrozny. Rozdělte rovnoměrně mezi čtyři dezertní misky nebo sklenice na stopce. Volně přikryjte kuchyňským papírem a nechte ztuhnout. Podávejte s oplatkovými sušenkami.

Mandarinkové a citronové želé

Slouží 4

Připravte jako u hroznového a malinového želé, ale maliny nahraďte citronovým želé (želé) a hrozny oloupané čerstvé mandarinky, klementinky nebo satsuma rozpůlené.

Černý třešňový rýžový krém

Slouží 4

1 balíček želé z černé třešně (želto)
400 g/14 oz/1 velká plechovka rýžového pudinku
75 ml/5 lžic jednoduché (lehké) smetany
30 ml/2 lžíce džemu z černých třešní (zavařit)

Želé nakrájejte kuchyňskými nůžkami na kostičky a dejte do odměrky. Roztavte, odkryté, na rozmrazování po dobu 2–2½ minuty. Vmícháme rýžový nákyp a smetanu, jemně šleháme bez šlehání. Doplňte na 600 ml/1 pt/2½ šálku studenou vodou. Lehce zakryjte a za častého míchání chlaďte, dokud nezačne houstnout a tuhnout. Rozdělte rovnoměrně mezi čtyři poháry a nechte zcela ztuhnout. Před podáváním každý doplňte 7,5 ml/1½ lžičky džemu.

Banánové štěpky

Slouží 4

Návrat něčeho výjimečného po dlouhé době.

Oloupejte 4 velké banány a poté každý podélně rozpůlte. Rozložte na čtyři talíře. Mezi každý dejte 2 kopečky vanilkové zmrzliny, abyste vytvořili „sendvič", a poté na něj dejte některý z receptů na horkou čokoládovou omáčku. Nandáme nebo nalijeme na jemně ušlehanou smetanu a ihned podáváme.

Pikantní švestková pěna

Slouží 4

450 ml/¾ pt/2 šálky švestkové šťávy
15 ml/1 polévková lžíce práškové želatiny
8 cm/3 kusy skořicové tyčinky
2 hvězdičky anýzu
30 ml/2 polévkové lžíce jemně nastrouhané pomerančové marmelády
2 velké bílky
Špetka soli
30 ml/2 lžíce šlehačky
Mletá skořice

Nalijte 45 ml/3 polévkové lžíce šťávy ze švestek do malé misky. Přidejte želatinu a promíchejte. Nechte 5 minut změknout. Roztavte, odkryté, na rozmrazování po dobu 2–2½ minuty. Dát stranou. Zbylou šťávu ze švestek nalijte do velkého džbánu a přidejte tyčinku skořice, badyán a marmeládu. Zahřívejte bez pokličky na plný 6 minut nebo dokud tekutina nezačne bublat. Jemně vmícháme rozpuštěnou želatinu. Přeceďte do čisté misky. Přikryjte talířem a nechte vychladnout, poté ochlaďte, dokud nezačne houstnout a ztuhnout. Z bílků a soli ušleháme tuhý sníh. Jednu třetinu zašlehejte do rozloženého želé ze sušených švestek a poté velkou kovovou lžící nebo špachtlí důkladně vmíchejte zbývající bílky. Lžící nalijte do čtyř skleněných misek, volně přikryjte a nechte několik hodin ztuhnout v lednici. Před podáváním každý ozdobíme krémem a poprášíme skořicí.

Chlazené pomeranče s horkou čokoládovou mátovou omáčkou

Slouží 4

4 velké pomeranče, oloupané a nakrájené na velmi tenké plátky
Horká čokoláda mátová omáčka
Snítky máty

Pomeranče oloupejte a nakrájejte na tenké plátky, ujistěte se, že jsou odstraněna všechna jadérka. Uspořádejte na čtyři boční talíře, poté přikryjte a vychlaďte téměř do ledu. Bezprostředně před podáváním každou pokapejte omáčkou a ozdobte snítkami máty.

Letní ovocná plíseň

Slouží 4

Jakýsi letní pudink během okamžiku. Je výrazně sladkokyselé a prospívá mu pokapání pudinkem nebo slazenou smetanou.

500 g/1 lb 2 oz mražené smíšené letní ovoce
1 balíček malinového želé (želé)

Ovoce nasypeme do mísy. Přikryjte talířem a rozmrazujte na 7–8 minut. Vyjměte z mikrovlnné trouby. Želé nakrájejte na kostičky a dejte do misky nebo džbánu. Roztavte, odkryté, na rozmrazování po dobu 2½ minuty. Vmícháme do ovoce. Chlaďte, dokud nezačne houstnout a tuhnout, za častého míchání, aby ovoce zůstalo suspendované v želé. Přendejte do navlhčené formy nebo umyvadla a přikryjte. Nechejte ztuhnout a úplně ztuhnout. Vyklopte na talíř a podávejte.

Meloun a meruňkový chill s matnými hrozny

Slouží 4

150 ml/¼ pt/2/3 šálku sladkého bílého vína
150 ml/¼ pt/2/3 šálku bílé hroznové šťávy
Slupku z 1 limetky nakrájíme na úzké proužky
175 g/6 oz/1 šálek sušených meruněk, dobře omytých a nakrájených na proužky
5 ml/1 lžička vanilkové esence (extrakt)
2,5 ml/½ lžičky mandlové esence (extrakt)
1 velký klínový červený meloun
4 hrozny černé bez pecek
1 malý bílek, lehce našlehaný
Moučkový (velmi jemný) cukr

Nalijte víno a hroznovou šťávu do misky o objemu 1,25 litru/2¼ pt/5½ šálku. Přidejte polovinu limetkové kůry. Zahřívejte, odkryté, na plný po dobu 4 minut. Přidejte proužky meruněk. Vařte odkryté 2 minuty na plný výkon. Vmícháme vanilkovou a mandlovou esenci (extrakt). Přikryjeme a necháme vychladnout. Za studena důkladně vychladit. Nakrájejte dužinu melounu ze slupky a odstraňte všechna černá semínka. Dužinu nakrájejte na malé kostičky. Dát stranou. Hrozny omyjte a osušte, ale nechte je přichycené na stopkách. Namočte je do bílku, aby byly pokryty, a poté je hustě potřete moučkovým cukrem.

Nechte zaschnout a tuhnout alespoň hodinu. Přidejte meloun do meruňkové směsi a přendejte do čtyř skleněných dezertních misek. Navrch dejte každý svazek ojíněných hroznů a zbylou limetkovou kůru nakrájenou na úzké proužky.

Poháry s rebarborou a mandarinkou

Slouží 6

450 g/1 lb rebarbory, ořezané a nakrájené
300 gl/11 oz/1 velká plechovka mandarinek v sirupu
60 ml/4 lžíce krupicového cukru
5 ml/1 lžička jemně nastrouhané pomerančové kůry
Malinový nebo jahodový sorbet

Vložte rebarboru do misky o objemu 1,25 l/2¼ pt/5½ šálku s 30 ml/2 lžícemi sirupu z mandarinek a veškerého cukru. Přikryjeme talířem a vaříme na plný 7–9 minut, dokud rebarbora nezměkne. Odkryjeme a vmícháme okapané mandarinky a pomerančovou kůru. Přikryjte a ochlaďte, poté několik hodin chlaďte. Nalijte do šesti sklenic na kopečky sorbetu a hned snězte.

Poháry s rebarborou a mandarinkou se zázvorovým krémem

Slouží 6

450 g/1 lb rebarbory, ořezané a nakrájené
300 gl/11 oz/1 velká plechovka mandarinek v sirupu
60 ml/4 lžíce krupicového cukru
5 ml/1 lžička jemně nastrouhané pomerančové kůry
5 ml/1 lžička zázvorového džemu (zavařit)
90 ml/6 lžic dvojité (těžké) smetany, vyšlehané
Vanilková zmrzlina

Vložte rebarboru do misky o objemu 1,25 l/2¼ pt/5½ šálku s 30 ml/2 lžícemi sirupu z mandarinek a veškerého cukru. Přikryjeme talířem a vaříme na plný 7–9 minut, dokud rebarbora nezměkne. Odkryjeme a vmícháme okapané mandarinky a pomerančovou kůru. Přikryjte a ochlaďte, poté několik hodin chlaďte. Do krému zlehka vmícháme džem. Směs rebarbory a mandarinky nalijte do šesti sklenic na kopečky zmrzliny a do každé přidejte 25 ml/1½ lžičky zázvorového krému. Jezte hned.

Čokoládové jahody na ananasovém sorbetu

Slouží 4

175 g hladké (polosladké) čokolády
15 g/½ unce/1 polévková lžíce nesoleného (sladkého) másla
16–20 velkých neloupaných jahod, omytých a sušených
Ananasový sorbet

Čokoládu nalámejte a vložte do misky s máslem. Roztavte, odkryté, na rozmrazování asi 3½ minuty. Pokud čokoláda zůstane na pevné straně, dejte jí 10sekundové dávky v režimu rozmrazování, dokud nebude tekutá – nepřehřívejte, nebo čokoláda zrní. Každou jahodu uchopte za její zelenou slupku a stopku a krouživými pohyby ji v čokoládě zakružte do tří čtvrtin. Postavíme na plech vyložený mastným (voskovaným) papírem a necháme vychladnout. Před podáváním dejte kopečky sorbetu do čtyř skleněných dezertních misek a každou poklaďte jahodami.

Dánský jablečný koláč

Podává 4–6

Starý přítel z Dánska a významný a pohledný pohár – ani zdaleka ne jako dort.

750 g/1½ lb vařených (tart) jablek, oloupaných a nakrájených na plátky
45 ml/3 polévkové lžíce vroucí vody
90 ml/6 lžic moučkového (velmi jemného) cukru
125 g/4 oz/½ šálku másla
100 g/3½ unce/1¾ šálků čerstvé bílé strouhanky
30 ml/2 polévkové lžíce světle měkkého hnědého cukru
150 ml/¼ pt/2/3 šálku dvojité (těžké) smetany
15 ml/1 polévková lžíce mléka
20–60 ml/4–6 lžic červeného džemu (zavařit)

Plátky jablek vložte do misky o objemu 1,75 l/3 pt/7½ šálku s vroucí vodou. Přikryjeme talířem a vaříme na plný 7–8 minut do změknutí. Vyšleháme na kaši a poté vmícháme moučkový cukr. Dát stranou. Na pánvi (pánvi) rozpustíme máslo. Přidejte strouhanku a obvyklým způsobem smažte (opékejte), dokud lehce nezhnědne. Vmícháme hnědý cukr. Nechte vychladnout. Naplňte čtyři až šest pohárů nebo jiných vysokých sklenic střídavými vrstvami jablek a strouhanky a zakončete strouhankou. Smetanu a mléko ušleháme do měkka. Navršte každou porci a poté do každé přidejte 5 ml/1 lžičku džemu.

Selská dívka se závojem

Podává 4–6

Variace na dánský jablečný koláč, tento je také dánský, ale místo bílé strouhanky používá 5 plátků rozdrobeného žitného chleba. Jinak jsou ingredience a postup stejné.

Císařská rýže

Podává 6–8

Starý francouzský tradiční recept, zjednodušený použitím surovin ze skříněk.

400 g/14 oz/1 velká plechovka rýžového pudinku
400–450 g/1 velká plechovka pudinku
25 ml/1½ lžičky práškové želatiny
125 ml/4 fl oz/½ šálku studené vody
60 ml/4 lžíce hladkého meruňkového džemu (zavařit)
5 ml/1 lžička vanilkové esence (extrakt)
2,5 ml/½ lžičky mandlové esence (extrakt)
30 ml/2 polévkové lžíce barevných glacé (kandovaných) třešní, hrubě nasekaných

Smíchejte rýžový pudink a pudink v míse o objemu 2 litry/3½ bodu/8½ šálku. Želatinu dejte do malé misky a vmíchejte polovinu vody. Zahřívejte odkryté v režimu rozmrazování po dobu 1¾–2 minut, dokud se nerozpustí a tekutina nebude čirá. Přidejte zbývající vodu. Jemně vmícháme do směsi rýže a pudinku. Lžící nalijte džem do vyprázdněné misky. Teplé, nezakryté, rozmrazené po dobu 1–1½ minuty. Vmícháme do rýžové směsi s vanilkou a mandlovou esencí (extrakt). Přikryjte a chlaďte až do bodu tuhnutí. Vmícháme třešně. Formu na želé (želé) o objemu 1,5 litru/2½ bodu/6 šálků vypláchněte studenou vodou a poté naplňte směsí rýže. Přikryjte a ochlaďte, dokud neztuhne a neztuhne. Vyklopíme a podáváme s některou z ovocných omáček.

Dětská ovocná pěna

Podává 4–6

Snadná a ekonomická sladkost, která dosáhla svého rozkvětu v padesátých letech.

1 balíček jahodové želé (želé)
300 ml/½ pt/1¼ šálku studené vody
175 ml/6 fl oz/1 malá plechovka plnotučného odpařeného mléka, chlazené přes noc v lednici
30 ml/2 polévkové lžíce čerstvé nebo balené citronové šťávy
Šlehačka a ovoce na ozdobu (volitelně)

Želé nakrájejte na kostičky a dejte do odměrky. Přikryjte talířem a nechte 2–2½ minuty rozpustit v rozmrazování. Postupně vmícháme vodu. Uchovávejte přikryté a nechte v chladu, dokud nezačne houstnout. Vychlazené odpařené mléko šlehejte, dokud nebude světlé a napěněné. Po troškách přidejte citronovou šťávu a pokračujte ve šlehání, dokud mléko nezhoustne na konzistenci šlehačky. Zlehka, ale dohladka zašleháme ještě tekuté želé. Přeneste do čtyř až šesti malých misek a ochlaďte, dokud neztuhnou. Podle chuti ozdobte smetanou a/nebo konzervovaným nebo čerstvým ovocem.

Mousse z malin a černého rybízu

Slouží 4

Sofistikovanější verze dětské ovocné pěny, kterou lze s jistotou podávat dospělým.

1 balíček malinového želé (želé)
150 ml/¼ pt/2/3 šálku studené vody
150 ml/¼ pt/2/3 šálku malinového pyré vyrobeného z čerstvých nebo mražených malin
175 ml/6 fl oz/1 malá plechovka plnotučného odpařeného mléka, chlazené přes noc v lednici
30 ml/2 polévkové lžíce čerstvé nebo balené citronové šťávy
Šlehačka a čerstvý černý rybíz na ozdobu

Želé nakrájejte na kostičky a dejte do odměrky. Přikryjte talířem a nechte 2–2½ minuty rozpustit v rozmrazování. Postupně vmícháme vodu a malinové pyré. Uchovávejte přikryté a nechte v chladu, dokud nezačne houstnout. Vychlazené odpařené mléko šlehejte, dokud nebude světlé a napěněné. Po troškách přidejte citronovou šťávu a pokračujte ve šlehání, dokud mléko nezhoustne na konzistenci šlehačky. Zlehka, ale dohladka zašleháme ještě tekuté želé. Vmíchejte do čtyř sklenic na víno a ochlaďte, dokud neztuhne. Ozdobte smetanou a černým rybízem.

Welsh Rarebit

Slouží 2

125 g/4 oz/1 šálek sýra Cheddar, strouhaný
5 ml/1 lžička hořčičného prášku
5 ml/1 lžička kukuřičné mouky (kukuřičný škrob)
1 žloutek
10 ml/2 lžičky mléka
Sůl a čerstvě mletý černý pepř
2 velké plátky čerstvě připraveného toastu
Paprika

Sýr smícháme s hořčicí, kukuřičnou moukou, žloutkem a mlékem. Podle chuti okořeníme. Rozložte na toasty. Přendejte na jednotlivé talíře. Vařte jeden po druhém, odkryté, na plný výkon po dobu 1 minuty. Lehce posypte paprikou a hned snězte.

Míchaný sýr Rarebit

Slouží 2

Připravte se jako pro Welsh Rarebit, ale nahraďte polovinu čedaru 50 g/2 oz/½ šálku rozdrobeného sýra Stilton.

Buck Rarebit

Slouží 2

Připravte se jako pro Welsh Rarebit, ale na každý plátek přidejte smažené (dusené) vejce, vařené buď v mikrovlnné troubě, nebo konvenčně.

Slanina Rarebit

Slouží 2

Na talíř dejte 4 pruhované plátky slaniny a přikryjte kuchyňským papírem. Vařte na plný výkon 2½ minuty. Připravte si Welsh Rarebit a na každý plátek položte 2 plátky slaniny.

Pivo Rarebit

Slouží 4

O něco zdobnější, je to podstatná svačina na poledne nebo večer.

25 g/1 oz/2 lžíce másla nebo margarínu, při kuchyňské teplotě
5 ml/1 lžička jemné hořčice
2,5 ml/½ lžičky worcesterské omáčky
5 ml/1 lžička rajčatového kečupu (catsup)
225 g/8 oz/2 šálky sýra Cheddar, strouhaný
45 ml/3 lžíce tmavého piva
4 plátky čerstvě připraveného toastu
1 velké rajče, nakrájené na plátky
Nasekaná petržel
Slanina a smažená (sušená) nebo sázená vejce (volitelně), k podávání

Smíchejte máslo nebo margarín s hořčicí, worcesterskou omáčkou, kečupem, sýrem a pivem. Stejné množství rozetřete na toast. Přeneste na čtyři jednotlivé talíře. Vařte odkryté po jednom na plný výkon 1 minutu. Přidejte plátky rajčat a posypte petrželkou. Pokud chcete, posypte slaninou a/nebo vejci.

Otevřené maďarské salámové sendviče

Slouží 4

Ty jsou založeny na receptuře nalezené v letáku na maďarském veletrhu konaném v Londýně. Jemná kouřovost salámu dodává sendvičům kontinentální nádech.

4 jarní cibulky (cibulky), nakrájené nadrobno
75 g/3 oz maďarský salám, oloupaný a jemně nasekaný
175 g/6 oz/1½ šálku ementálského sýra, jemně nastrouhaného
2 žloutky
4 velké plátky čerstvě připraveného toastu
Plátky nakládané okurky, na ozdobu

Cibuli a salám dejte do mísy a spojte se sýrem a žloutky. Rozložte na toasty. Vařte jeden po druhém, odkryté, na plný výkon 1–1½ minuty, dokud se sýr nerozpustí. Ihned podávejte.

Granola

Vyrobí asi 750 g/1½ lb/6 šálků

Stejně jako suché a sladké müsli s výrazným praskáním a křupáním se jedná o dovoz ze Severní Ameriky, kde se konzumuje jako snídaňová kaše s mlékem nebo jako svačinka místo sušenek (cookies). Dietní jídlo to sice není, ale jako příležitostnou víkendovou pochoutku si ho můžete vychutnat.

125 g/4 oz/½ šálku másla nebo margarínu
90 ml/6 lžic zlatého (světle kukuřičného) sirupu
250 g/9 oz/2¼ šálků ovesné kaše
45 ml/3 polévkové lžíce hrubých otrub
100 g/3½ unce/nedostatek ½ šálku světle měkkého hnědého cukru
75 g/3 oz/¾ šálku sekaných ořechů
100 g/3½ unce/2/3 šálku rozinek

Máslo nebo margarín dejte do pánve o průměru 25 cm/10 (holandská trouba). Přidejte sirup. Roztavte, odkryté, na rozmrazování po dobu 4 minut. Smíchejte všechny zbývající ingredience kromě rozinek. Vařte odkryté 9½ minuty za stálého míchání čtyřikrát nebo pětkrát, dokud granola lehce nezhnědne. Přidejte rozinky a důkladně promíchejte. Nechte odstát, dokud nebude vychladlé a křupavé, poté rozdrobte vidličkou, dokud nebude drobivá. Skladujte ve vzduchotěsné nádobě.

Medová granola
Vyrobí asi 750 g/1½ lb/6 šálků

Připravte jako Granolu, ale sirup nahraďte čirým medem.

Ovesná kaše

Na 1 porci: dejte 25 g/1 oz/¼ šálku ovesné kaše do misky na cereálie. Přidejte 150 ml/¼ pt/2/3 šálku studeného mléka nebo vody a špetku soli. Vařte odkryté při plném výkonu 1¾–2 minuty a dvakrát promíchejte. Před jídlem nechte 1½ minuty odstát.

Na 2 porce ve 2 miskách: připravte jako na 1 porci, ale vařte na plný výkon 3–3½ minuty.

Na 3 porce ve 3 miskách: připravte jako na 1 porci, ale vařte na plný výkon 3½ – 4 minuty.

Slanina

Slanina dobře reaguje na vaření v mikrovlnné troubě a scvrkává se méně, než když se griluje (pečená) nebo smaží (smaží) konvenčně. Vykrajovačku nebo vykrajovačky (plátky) položte v jedné vrstvě na plech a lehce přikryjte kuchyňským papírem, abyste zabránili prskání a ušpinění trouby. Potřebná doba vaření se bude lišit podle typu a tloušťky slaniny, ale toto je obecný návod:

1 vyrážka: vařte na plný výkon 45–60 sekund

2 vyrážečky: vařte na plný výkon 1½–1¾ minuty

3 vyrážečky: vařte na plný výkon 2–2¼ minuty

4 vyrážečky: vařte na plný výkon 2½–2¾ minuty

5 vyrážek: vařte na plný výkon 3–3½ minuty

6 vyrážeček: vařte na plný výkon 4–4½ minuty

Slaninu po uvaření nechte okapat na čistém kuchyňském papíru.

Základní bílá omáčka

Slouží 4

Víceúčelová a všestranná potahová omáčka známá a mezinárodně oceňovaná pro svou hladkou a sametovou texturu a lesklý vzhled.

300 ml/½ bodu/1¼ šálku mléka
25 g/1 oz/2 lžíce másla nebo margarínu
25 g/1 oz/¼ šálku hladké (univerzální) mouky
Sůl a čerstvě mletý černý pepř nebo moučkový (velmi jemný) cukr

Nalijte mléko do džbánu a teplé, odkryté, na Full po dobu 2 minut. Vložte máslo nebo margarín do misky o objemu 900 ml/1½ bodu/3¾ šálku. Roztavte, odkryté, na rozmrazování po dobu 1 minuty. Vmíchejte mouku, aby vznikla jíška. Zahřívejte, odkryté, na plný po dobu 30 sekund. Vyjměte z mikrovlnné trouby a postupně vmíchejte teplé mléko. Vařte odkryté 3–4 minuty na plný výkon a každou minutu prošlehejte pro maximální hladkost, dokud se omáčka nepřivede k varu a nezhoustne. Dochuťte solí a pepřem na slanou omáčku a moučkovým cukrem na sladkou.

Bešamelová omáčka

Slouží 4

Toto je aristokratická verze základní bílé omáčky, pojmenovaná po správci Ludvíka XIV. Je důležitý ve velkých kuchyních západního světa a jeho výroba je zdánlivě jednoduchá. Používejte pouze na slaná jídla.

300 ml/½ bodu/1¼ šálku mléka
1 sáček bouquet garni
1 bobkový list
1 malá cibule, oloupaná a nakrájená na čtvrtky
2 velké snítky petrželky
1,5 ml/¼ lžičky strouhaného muškátového oříšku
25 g/1 oz/2 lžíce másla nebo margarínu
25 g/1 oz/¼ šálku hladké (univerzální) mouky
Sůl a čerstvě mletý černý pepř

Nalijte mléko do konvice o objemu 900 ml/1½ bodu/3¾ šálku. Přidejte bouquet garni, bobkový list, cibuli, petržel a muškátový oříšek. Zakryjte podšálkem a přiveďte k varu a nechte 5–6 minut na rozmrazování. Vyjměte z mikrovlnné trouby, uchovejte přikryté a nechte vychladnout do vlažného stavu. Kmen. Vložte máslo nebo margarín do misky o objemu 900 ml/1½ bodu/3¾ šálku. Roztavte, odkryté, na rozmrazování po dobu 1 minuty. Vmíchejte mouku, aby vznikla jíška. Zahřívejte, odkryté, na plný po dobu 30 sekund. Vyjměte z mikrovlnky a postupně vmíchejte ochucené mléko. Vařte odkryté 3–4 minuty na plný výkon a každou minutu prošlehejte pro maximální hladkost, dokud se omáčka nepřivede k varu a nezhoustne. Dochutíme solí a pepřem.

Kaparová omáčka

Slouží 4

Na skate, sledě, makrely a jehněčí maso.

Připravte jako základní bílou omáčku, ale v polovině doby vaření přidejte 20 ml/4 lžičky scezených a nakrájených kapií.

Sýrová omáčka

Slouží 4

Na slaninu a šunku, ryby, drůbež a zeleninu.

Připravte jako základní bílou omáčku, ale v polovině doby vaření přidejte 50–75 g/2–3 unce/½–¾ šálku strouhaného tvrdého sýra a 5 ml/1 lžičku hořčice.

Mornay omáčka

Slouží 4

Blízká příbuznost sýrové omáčky, také pro slaninu a šunku, ryby, drůbež a zeleninu.

Připravte jako základní bílou omáčku, ale použijte mléko ochucené solí a čerstvě mletým černým pepřem a v polovině doby vaření přidejte 50–75 g/2–3 unce/½–¾ šálku strouhaného sýra Gruyère (švýcar).

Vaječná omáčka

Slouží 4

Také známý jako holandská vaječná omáčka nebo Mock Hollandaise. Pro ryby a drůbež.

Připravte jako na základní bílou omáčku, ale přidejte 2 nakrájená natvrdo (uvařená) vejce s kořením.

Houbová omáčka

Slouží 4

Pro pokrmy z ryb a drůbeže a vejce, jako jsou omelety.

Zahřejte 50 g hub nakrájených na tenké plátky s 10 ml/2 lžičkami másla na plný výkon po dobu 1,5 minuty. V polovině doby vaření vmíchejte do připravené základní bílé omáčky. Podle chuti dochutíme mletým muškátovým oříškem.

Hořčičná omáčka

Slouží 4

Podávejte s vepřovým masem a gammonem, droby a mastnými rybami, jako je makrela a sledě.

Připravte jako základní bílou omáčku, ale přidejte 10–15 ml/2–3 lžičky anglické hořčice a 10 ml/2 lžičky citronové šťávy s kořením.

Cibulová omáčka

Slouží 4

Na grilované (pečené) a pečené jehněčí.

Nakrájejte 1 cibuli a vložte do malé misky s 25 ml/1½ lžičky studené vody a 1,5 ml/¼ lžičky soli. Zakryjte potravinářskou fólií (igelitovou fólií) a dvakrát ji prořízněte, aby mohla unikat pára. Vařte na plný výkon 4–5 minut do změknutí. Vmícháme do připravené základní bílé omáčky.

Petrželová omáčka

Slouží 4

Na ryby, zeleninu, drůbež a vařenou slaninu.

Připravte jako základní bílou omáčku, ale přidejte 45–60 ml/3–4 lžíce nasekané petrželky s kořením.

Řericha omáčka

Slouží 4

Pro ryby a drůbež.

Připravte jako základní bílou omáčku, ale přidejte 45–60 ml/3–4 lžíce nasekané řeřichy s kořením.

Nalévání omáčky

Slouží 4

Připravte jako u základní bílé omáčky, ale snižte množství mouky na 15 g/½ oz/1 polévkovou lžíci. Buď dochutíme solí a pepřem a použijeme jako bílou „omáčku", nebo osladíme cukrem a podáváme na dušeném či pečeném pudinku.

Omáčka vše v jednom

Slouží 4

Vysokorychlostní verze základní bílé omáčky.

25 g/1 oz/¼ šálku hladké (univerzální) mouky
300 ml/½ bodu/1¼ šálku mléka
25 g/1 oz/2 lžíce másla nebo margarínu
Sůl a čerstvě mletý černý pepř nebo moučkový (velmi jemný) cukr

V míse zašleháme mouku do mléka, poté přidáme máslo nebo margarín. Vařte odkryté 6–6½ minuty, čtyřikrát nebo pětkrát šlehejte, dokud nezhoustne a nebude hladké. Dochuťte podle chuti.

Holandská omáčka

Podává 6–8

Jedna z nejlepších omáček naší doby, holandská výroba konvenčně vyžaduje zručnost a kulinářské umění. V mikrovlnné troubě se chová, jako byste byli kuchařem nezpochybnitelné brilantnosti. Použijte jej s pošírovaným lososem a pstruhy, brokolicí a květákem, s artyčoky a chřestem.

125 g/4 oz/½ šálku mírně osoleného másla
15 ml/1 polévková lžíce citronové šťávy, přecezené
2 žloutky
Sůl a čerstvě mletý černý pepř
Špetka moučkového (velmi jemného) cukru

Dejte máslo do 900 ml/1½ pt/3¾ šálku džbánu nebo misky. Roztavte, odkryté, na plný 1½ minuty, dokud nebude horký a bublající. Přidejte citronovou šťávu a žloutky a důkladně prošlehejte. Vraťte do mikrovlnné trouby a vařte na plný výkon po dobu 30 sekund. Prudce promíchejte. Omáčka je hotová, když je hustá jako studený pudink a přilne ke šlehači; pokud ne, vařte dalších 15 sekund. Okoříme podle chuti a poté přidáme cukr, aby se vyrovnala ostrost citronové šťávy.

Podávejte teplé. Velmi pečlivě sledujte dobu vaření, protože holandská omáčka, která odmítá zhoustnout a vypadá jako sražená, byla převařená. Jedním z léků je vmíchat 30–45 ml/2–3 polévkové lžíce velmi studené vody; druhá je všlehat 30 ml/2 polévkové lžíce dvojité (těžké) smetany; třetí je našlehat sraženou omáčku do čerstvého žloutku a vrátit na několik sekund do mikrovlnné trouby, dokud nebude hustá a hladká.

Krátká omáčka Béarnaise

Podává 6–8

Doporučuje se ke steakům a vzácnému rostbífu.

Připravte jako u holandské omáčky, ale citronovou šťávu nahraďte vinným octem a přidejte 2,5 ml/½ lžičky sušeného estragonu s kořením a cukrem.

Maltská omáčka

Podává 6–8

Pro sladkovodní ryby a drůbež.

Připravte jako u holandské omáčky, ale vmíchejte 5 ml/1 lžičku velmi jemně nastrouhané pomerančové kůry s kořením a cukrem.

Majonézová omáčka

Připraví 600 ml/1 bod/2½ šálku

Kvůli současnému neklidu spojenému s konzumací syrového žloutku jsou vejce v této majonéze smíchána s velmi horkou tekutinou, což se rovná částečnému vaření, a je proto bezpečnější než standardní domácí majonéza založená na zcela syrových žloutcích. Struktura je tenčí než tradiční majonéza, ale za studena je dostatečně hustá na to, aby potraviny uspokojivě obalila. Výborná je také jako mixovaná omáčka s coleslawem a bramborovým salátem.

600 ml/1 bod/2½ šálku slunečnicového nebo světlicového oleje
30 ml/2 lžíce citronové šťávy
15 ml/1 polévková lžíce vinného nebo jablečného octa
2,5 ml/½ lžičky moučkového (velmi jemného) cukru
15–20 ml/3–4 lžičky soli
5 ml/1 lžička hořčice
2 velká vejce

Do malé misky nalijte 75 ml/5 lžic oleje. Přidejte citronovou šťávu, ocet, cukr, sůl a hořčici. Zahřívejte odkryté v režimu rozmrazování po dobu 3–4 minut, dokud nebude velmi horký. Vejce rozbijte do mixéru a přidejte horkou olejovou směs. Nechte stroj běžet, dokud nebude hladký. Když stroj stále běží, ale víko je odstraněno, přidejte zbývající olej tenkým stálým proudem. Přendejte do misky. Přikryjte a ochlaďte, dokud nebude studený a hustý. Uchovávejte v chladničce ve sklenici se šroubovacím uzávěrem a použijte podle potřeby.

Koktejlová omáčka

Připraví 600 ml/1 bod/2½ šálku

Klasika pro mořské plody.

Připravte jako majonézovou omáčku. Po zhoustnutí vmíchejte 30 ml/2 lžíce rajčatového protlaku (pasta), 10 ml/2 lžičky křenu, špetku feferonkové omáčky, jako je Tabasco a 5 ml/1 lžičku worcesterské omáčky.

Louis omáčka

Připraví 600 ml/1 bod/2½ šálku

Omáčka ze San Francisca vytvořená na počátku dvacátého století šéfkuchařem jménem Louis Diat. Je speciálně pro krabí salát.

600 ml/1 bod/2½ šálku slunečnicového nebo světlicového oleje

30 ml/2 lžíce citronové šťávy

15 ml/1 polévková lžíce vinného nebo jablečného octa

2,5 ml/½ lžičky moučkového (velmi jemného) cukru

15–20 ml/3–4 lžičky soli

5 ml/1 lžička hořčice

2 velká vejce

Chilli nebo feferonková omáčka

60 ml/4 lžíce smetany ke šlehání, jemně vyšlehané

¼ zelené papriky, zbavené semínek a nakrájené nadrobno

15 ml/1 polévková lžíce najemno nakrájené jarní cibulky (cibulky)

Šťáva z ½ malého citronu

Do malé misky nalijte 75 ml/5 lžic oleje. Přidejte citronovou šťávu, ocet, cukr, sůl a hořčici. Zahřívejte odkryté v režimu rozmrazování po dobu 3–4 minut, dokud nebude velmi horký. Vejce rozbijte do mixéru a přidejte horkou olejovou směs. Nechte stroj běžet, dokud nebude hladký. Když stroj stále běží, ale víko je odstraněno, přidejte zbývající olej tenkým stálým proudem. Přendejte do misky. Přikryjte a ochlaďte, dokud nebude studený a hustý. Vmíchejte chilli nebo feferonkovou omáčku, aby byla jemně pálivá, poté přidejte smetanu, zelenou papriku, jarní cibulku a citronovou šťávu. Uchovávejte v chladničce ve sklenici se šroubovacím uzávěrem a použijte podle potřeby.

Dresink Tisíc ostrovů

Připraví 600 ml/1 bod/2½ šálku

600 ml/1 bod/2½ šálku slunečnicového nebo světlicového oleje
30 ml/2 lžíce citronové šťávy
15 ml/1 polévková lžíce vinného nebo jablečného octa
2,5 ml/½ lžičky moučkového (velmi jemného) cukru
15–20 ml/3–4 lžičky soli
5 ml/1 lžička hořčice
2 velká vejce
Špetka chilli nebo feferonkové omáčky
1–2 natvrdo vařená vejce (strany 98–9), jemně nakrájená
30–45 ml/2–3 lžíce rajčatového kečupu
15 ml/1 polévková lžíce nadrobno nakrájené cibule
15 ml/1 polévková lžíce nasekané petrželky
30 ml/2 lžíce nasekaných plněných oliv (volitelně)
30 ml/2 lžíce šlehačky (volitelně)

Do malé misky nalijte 75 ml/5 lžic oleje. Přidejte citronovou šťávu, ocet, cukr, sůl a hořčici. Zahřívejte odkryté v režimu rozmrazování po dobu 3–4 minut, dokud nebude velmi horký. Vejce rozbijte do mixéru a přidejte horkou olejovou směs. Nechte stroj běžet, dokud nebude hladký. Když stroj stále běží, ale víko je odstraněno, přidejte zbývající olej tenkým stálým proudem. Přendejte do misky. Přikryjte a ochlaďte, dokud nebude studený a hustý. Vmíchejte chilli nebo feferonkovou omáčku, nakrájená vejce, rajčatový kečup, cibuli, petrželku a olivy a případně smetanu. Uchovávejte v chladničce ve sklenici se šroubovacím uzávěrem a použijte podle potřeby.

Zelená omáčka

Připraví 600 ml/1 bod/2½ šálku

Určeno pro ryby.

Připravte jako majonézovou omáčku. Po zhoustnutí vmícháme 15 ml/1 polévkovou lžíci nasekané petrželky, 15 ml/1 polévkovou lžíci nakrájené pažitky a 15 ml/1 polévkovou lžíci řeřichy. Můžeme přidat i trochu nasekaného estragonu.

Rémouladová omáčka

Připraví 600 ml/1 bod/2½ šálku

Vynikající k uzeninám, zejména hovězímu masu a rybím pokrmům.

Připravte jako majonézovou omáčku. Po zhoustnutí vmícháme na oleji 4 nakrájené filety sardel, 5 ml/1 lžičku francouzské hořčice, 5 ml/1 lžičku sekaného estragonu a 5 ml/1 lžičku sekané petrželky, 10 ml/2 lžičky nakrájených okurek (kornichonů) a 10 ml/2 lžičky nasekaných kaparů. Můžeme přidat i trochu nakrájeného kerblíku.

Tatarská omáčka

Připraví 600 ml/1 bod/2½ šálku

Pro ryby.

Připravte jako majonézovou omáčku. Po zhoustnutí vmícháme 45 ml/3 polévkové lžíce nakrájených okurek (kornichons), 30 ml/2 polévkové lžíce nasekané petrželky a 15 ml/1 polévkové lžíce nadrobno nasekaných kapií.

Dresing ve stylu majonézy bez vajec

Slouží 4

60 ml/4 polévkové lžíce studené vody
90 ml/6 lžic slunečnicového oleje
1 oz/25 g/1/3 šálku sušeného mléka (netučné sušené mléko)
2,5 ml/½ lžičky soli
2,5 ml/½ lžičky hořčičného prášku

20 ml/4 lžičky vinného nebo jablečného octa
10 ml/2 lžičky citronové šťávy
Špetka cukru

Nalijte vodu do malé misky. Zahřívejte, odkryté, na plný po dobu 1 minuty, dokud nebude horký. Nalijte do mixéru nebo kuchyňského robotu a přidejte všechny zbývající ingredience. Nechte stroj běžet, dokud nebude hladký. Nalijte do malé misky, přikryjte a nechte vychladnout. Obvaz výrazně zhoustne, pokud jej necháte přes noc, ale lze jej zředit na požadovanou konzistenci teplou vodou.

Mátová omáčka

Podává 4–5

Velmi britská omáčka k pečenému jehněčímu.
60 ml/4 polévkové lžíce jemně nasekaných lístků čerstvé máty
60 ml/4 polévkové lžíce vody
15 ml/1 polévková lžíce moučkového (velmi jemného) cukru
75 ml/5 lžic sladového octa
Sůl a čerstvě mletý černý pepř

Všechny ingredience dejte do odměrky. Zahřívejte, odkryté, na plný po dobu 3 minut. Podávejte vychlazené.

Pomerančová omáčka

slouží 6–8

Pro uzeniny a grilovaná jídla.

225 g/8 oz/1 šálek želé z červeného rybízu (čiré konzervy)
Jemně nastrouhaná kůra a šťáva z 1 pomeranče
10 ml/2 lžičky Grand Marnier

Vložte želé z červeného rybízu s pomerančovou kůrou a šťávou do odměrky 1,25 l/2¼ bodu/5½ šálku. Zahřívejte, odkryté, na rozmrazování po dobu 5–6 minut, třikrát nebo čtyřikrát promíchejte, dokud se želé nerozpustí. Nechte omáčku vychladnout a poté vmíchejte Grand Marnier. Podávejte vychlazené.

Želé míchaná bylinková omáčka

Podává 8–10

Pro jehněčí.

450 ml/¾ pt/2 šálky bílé hroznové nebo jablečné šťávy
15 ml/1 polévková lžíce práškové želatiny
2,5 ml/½ lžičky soli
30 ml/2 lžíce nasekané máty
45 ml/3 lžíce nasekané pažitky
40 ml/2½ polévkové lžíce nasekaných listů koriandru (koriandru).

Nalijte 45 ml/3 polévkové lžíce ovocné šťávy do misky o objemu 1,25 l/2¼ bodu/5½ šálku. Vmícháme želatinu. Nechte 5 minut odstát, aby změkla. Roztavte, odkryté, na rozmrazování po dobu 2–2½ minuty. Vmíchejte zbývající šťávu se solí. Vychladlé přikryjte a chlaďte, dokud nezačne houstnout a neztuhne kolem okraje. Smíchejte všechny zbývající ingredience. Přendejte do malé servírovací misky a ochlaďte, dokud úplně neztuhne. Nandejte na talíře k podávání.

Želé bylinková omáčka s citronem

Podává 8–10

Pro ryby.

Připravte jako želé míchanou bylinkovou omáčku, ale koriandr (koriandr) nahraďte nasekanou petrželkou a přidejte 10 ml/2 lžičky nastrouhané citronové kůry s ostatními ingrediencemi.

Salsa

Slouží 6

Jednoduchá verze trendy mexické omáčky-cum-condiment, kterou lze použít jako dip nebo jíst s jídlem v mexickém stylu. Dodává také trochu charakteru pečeným a grilovaným (pečeným) pokrmům, nevýrazným sýrům, jako je mozzarella a omeletám. Některé salsy jsou ponechány nevařené, ale zahřátí této poněkud robustní verze má na chutě zjemňující účinek.

3 velká rajčata, blanšírovaná, oloupaná, zbavená semínek a nakrájená
1 sladká nebo španělská cibule, jemně nastrouhaná
1–2 celé zelené chilli papričky, zbavené semínek a nakrájené nadrobno
1–2 stroužky česneku, rozdrcené
30 ml/2 polévkové lžíce nasekaných listů koriandru (koriandru).
5–10 ml/1–2 lžičky soli

Umístěte rajčata do misky o objemu 1,25 l/2¼ pt/5½ šálku s cibulí, chilli a česnekem. Přikryjeme talířem a 3 minuty zahříváme na plný výkon. Nechte zcela vychladnout. Před podáváním vmíchejte koriandr a sůl.

Hladká salsa

Slouží 6

Připravte se jako na salsu, ale po uvaření přesuňte ingredience do mixéru a před přidáním koriandru a soli zpracujte na hladké pyré.

Extra pálivá salsa

Slouží 6

Připravte se jako na salsu, ale množství zelených chilli papriček zdvojnásobte nebo dokonce ztrojnásobte. Dávejte pozor při jídle.

Koriandrová salsa

Slouží 6

Připravte jako u salsy, ale zvyšte množství koriandru (koriandru) na 25 g/1 oz/¼ šálku.

Jablečná omáčka

Slouží 4

Povinné pro vepřovou pečeně, kachnu a husu.

450 g/1 lb vařených (tart) jablek, oloupaných, nakrájených na čtvrtky, zbavených jádřinců a nakrájených na tenké plátky
45 ml/3 polévkové lžíce vroucí vody
10–15 ml/2–3 lžičky krupicového cukru
10 ml/2 lžičky másla nebo margarínu

Vložte jablka do misky o objemu 1,25 l/2¼ pt/5½ šálku s vodou. Zakryjte talířem a vařte na plný 7–8 minut do změknutí a kaše, dvakrát promíchejte. Šlehejte do hladka. Smíchejte cukr a máslo nebo margarín. Podávejte teplé nebo studené.

Hnědá jablečná omáčka paní Beetonové

Slouží 4

Připravte jako jablečnou omáčku, ale jablka vařte s řídkou omáčkou místo vody.

Angreštová omáčka

Slouží 4

Stará anglická omáčka, tradičně podávaná s husou, kachnou a makrelou.

Připravte jako jablečnou omáčku, ale nahraďte jablka 225 g nakrájeného angreštu a přidejte 5 ml/1 lžičku jemně nastrouhané citronové kůry s ostatními ingrediencemi.

Salsa s kukuřicí

Slouží 4

Pro grilovaná jídla.

10 ml/2 lžičky kukuřičného oleje
3 jarní cibulky (cibulky), nakrájené nadrobno
30 ml/2 polévkové lžíce jemně nasekaných listů koriandru (koriandru).
1 konzervovaná červená pimiento, okapaná a nakrájená
2 velká hovězí rajčata, blanšírovaná, zbavená kůže, semena a nakrájená
175 g/6 oz/1½ šálku mražené cukrové kukuřice (kukuřice), rozmražené
10 ml/2 lžičky omáčky jalapeno
10 ml/2 lžičky čerstvé limetkové šťávy
5 ml/1 lžička soli

Nalijte olej do misky o objemu 1,25 litru/2¼ pt/5½ šálku. Přidejte cibuli, koriandr a pimiento. Vařte bez pokličky na plný výkon 2½ minuty, jednou promíchejte. Vmíchejte rajčata a sladkou kukuřici. Přikryjeme talířem a 2 minuty zahříváme na plný výkon. Nechte zcela vychladnout. Vmíchejte zbývající ingredience.

Rakouská jablečná a křenová omáčka

Podává 6–8

Příklad neobvyklého a nečekaného, pozoruhodná pálivá omáčka k hovězímu masu.

450 g/1 lb vařených (tart) jablek, oloupaných, nakrájených na čtvrtky, zbavených jádřinců a nakrájených na tenké plátky

30 ml/2 polévkové lžíce vroucí vody

10 ml/2 lžičky moučkového (cukrářského) cukru, prosátého

30 ml/2 polévkové lžíce blanšírovaných a jemně nasekaných mandlí

15–45 ml/1–3 lžíce jemně nastrouhaného čerstvého křenu nebo 30–45 ml/2–3 lžíce smetanového křenu

2,5–5 ml/½–1 lžičky soli

10 ml/2 lžičky sladového octa

Vložte jablka do misky o objemu 1,25 l/2¼ pt/5½ šálku s vodou. Zakryjte talířem a vařte na plný 7–8 minut do změknutí a kaše, dvakrát promíchejte. Vmíchejte všechny zbývající ingredience. Zakryjte jako předtím a vařte na plný 1½ minuty. Podávejte horké.

Česneková omáčka

Podává 4–6

Extrémně česneková omáčka z Itálie, určená k přimíchání do horkých těstovin.

45 ml/3 lžíce olivového oleje
50 g/2 oz/¼ šálku másla
6 stroužků česneku, rozdrcených
30 ml/2 lžíce jemně nasekané petrželky
2,5 ml/½ lžičky sušené bazalky
2,5–5 ml/½–1 lžičky soli
Čerstvě mletý černý pepř, podle chuti

Všechny ingredience dejte do misky o objemu 600 ml/1 pt/2½ šálku. Přikryjte talířem a zahřívejte v rozmrazovacím režimu po dobu 3–4 minut, jednou promíchejte. Přidejte horké špagety nebo jiné těstoviny a rovnou snězte.

Jablečná a křenová omáčka

Podává 6–8

Jablečná omáčka z Rumunska, podávaná s kuřecím masem.

50 g/2 oz/¼ šálku másla
2 velká vařená jablka, oloupaná a nastrouhaná
50 g/2 oz/½ šálku hladké (univerzální) mouky
450 ml/¾ pt/2 šálky horkého kuřecího vývaru
5–10 ml/1–2 ČL strouhaného křenu nebo 10 ml/2 ČL křenové omáčky
Sůl
150 ml/¼ pt/2/3 šálku smetany ke šlehání, vyšlehané do zhoustnutí
Prosátý moučkový (cukrářský) cukr (volitelně)

Vložte máslo do misky o objemu 1,5 litru/2½ bodu/6 šálků a zahřívejte, odkryté, na plný výkon po dobu 1¼ minuty. Vmícháme jablka a odkryté vaříme na plný výkon 3 minuty, jednou promícháme. Vmíchejte mouku a vařte na plný 20 sekund. Postupně vmícháme horký vývar. Vařte odkryté 4–5 minut za stálého míchání každou minutu, dokud nezhoustne. Vmícháme křen, dochutíme solí a poté vmícháme smetanu. Pokud je omáčka na osobní vkus příliš kyselá, vmíchejte trochu moučkového cukru. Ihned podávejte.

Chlebová omáčka

Podává 6–8

Vintage tradice s drůbeží.

300 ml/½ bodu/1¼ šálku mléka
1 sáček bouquet garni
1 bobkový list
1 malá cibule, oloupaná a nakrájená na čtvrtky
2 velké snítky petrželky
1,5 ml/¼ lžičky strouhaného muškátového oříšku
65 g čerstvé bílé strouhanky z chleba bez kůrky
15–25 g/½–1 oz/1–2 lžíce másla nebo margarínu
Sůl a čerstvě mletý černý pepř

Nalijte mléko do konvice o objemu 900 ml/1½ bodu/3¾ šálku. Přidejte bouquet garni, bobkový list, cibuli, petržel a muškátový oříšek. Přikryjte talířkem a přiveďte k varu na rozmrazování, nechte asi 5–6 minut. Vyjměte z mikrovlnné trouby, uchovejte přikryté a nechte vychladnout do vlažného stavu. Kmen. Přidejte drobky. Vařte odkryté v režimu rozmrazování do zhoustnutí, nechte asi 4–6 minut a každou minutu míchejte. Vmícháme máslo nebo margarín a dochutíme. Znovu zahřejte, odkryté, na rozmrazování po dobu 1 minuty.

Omáčka z hnědého chleba

Podává 6–8

Připravte jako chlebovou omáčku, ale místo bílého nahraďte čerstvou strouhanku z hnědého chleba bez kůrky.

Brusinková omáčka

Podává 6–8

Sladkokyselá, ovocná zimní omáčka a jiskřivá a brilantní příloha k drůbeži.

225 g/8 oz/2 šálky brusinek, pokud jsou zmrazené, rozmražené
150 ml/¼ pt/2/3 šálku vody
175 g/6 oz/¾ šálku krupicového cukru
5 ml/1 lžička jemně nastrouhané citronové kůry

Všechny ingredience dejte do misky o objemu 1,25 litru/2¼ pt/5½ šálku. Zakryjte talířem a vařte na plný 8–8½ minuty, dvakrát promíchejte a rozdrťte ovoce o stěnu mísy, dokud ovoce nezměkne. Vyjmeme z mikrovlnné trouby, uchováme přikryté a podáváme vychladlé. Veškeré zbytky uchovávejte v chladničce v zakryté nádobě.

Brusinková vinná omáčka

Podává 6–8

Připravte jako brusinkovou omáčku, ale vodu nahraďte červeným vínem.

Brusinková pomerančová omáčka

Podává 6–8

Připravte jako brusinkovou omáčku, ale vodu nahraďte pomerančovým džusem.

Brusinková a jablečná omáčka

Podává 6–8

Připravte jako brusinkovou omáčku, ale polovinu brusinek nahraďte 1 nakrájeným varným (koláčovým) jablkem.

Cumberlandská omáčka

Slouží 6

Plná a typicky anglická omáčka k šunce, vepřovému masu a jazyku.

5 ml/1 lžička jemné hořčice

30 ml/2 polévkové lžíce světle měkkého hnědého cukru

1,5 ml/¼ lžičky mletého zázvoru

Špetka kajenského pepře

300 ml/½ pt/1¼ šálku suchého bílého vína nebo portského

2 celé hřebíčky

15 ml/1 polévková lžíce kukuřičné mouky (kukuřičný škrob)

30 ml/2 polévkové lžíce studené vody

60 ml/4 lžíce želé z červeného rybízu (čirá konzerva)

5 ml/1 lžička strouhané pomerančové kůry

5 ml/1 lžička strouhané citronové kůry

Šťáva z 1 malého pomeranče

Šťáva z 1 citronu

Vložte hořčici, cukr, zázvor, kajenský pepř, víno nebo portské a hřebíček do misky o objemu 1,25 litru/2¼ pt/5½ šálku a zahřívejte bez pokličky na plný výkon po dobu 6 minut a třikrát promíchejte. Mezitím smícháme hladce kukuřičnou mouku se studenou vodou. Vmícháme do vinné směsi se zbylými přísadami. Zahřívejte bez pokličky na plný 4–6 minut a každou minutu míchejte, dokud omáčka nezhoustne a nebude hladká a želé se rozpustí. Podávejte horké.

Slovinská vinná omáčka

Podává 4–6

Zeleninové pyré a vinná omáčka obohacená smetanou. Hodí se zvláště ke zvěřině a holubům.

50 g/2 oz/¼ šálku slaného másla
2 mrkve, jemně nastrouhané
30 ml/2 lžíce hladké (univerzální) mouky
300 ml/½ pt/1¼ šálku suchého bílého vína
100 g žampionů nakrájených na plátky
1 malý bobkový list
Sůl a čerstvě mletý černý pepř
150 ml/¼ pt/2/3 šálku zakysané (mléčné zakysané) smetany

Vložte máslo do misky o objemu 1,25 litru/2¼ pt/5½ šálku a zahřívejte, odkryté, na plný výkon po dobu 1¼ minuty. Přidejte mrkev. Dvě třetiny přikryjte talířem a vařte na plný 4 minuty a dvakrát promíchejte. Vmícháme mouku, víno, houby a bobkový list. Přikryjte talířem a vařte na plný 6–7 minut, dokud suroviny nezměknou. Vyjměte bobkový list a okořeňte podle chuti. Přendejte do mixéru nebo kuchyňského robotu a zpracujte na hladké pyré. Vraťte do misky a vmíchejte smetanu. Znovu zahřejte na plný po dobu 1–1½ minuty.

Řídká omáčka pro drůbež

Slouží 6

15 ml/1 polévková lžíce kukuřičné mouky (kukuřičný škrob)
25 ml/1 ½ lžíce studené vody
1 kostka kuřecího nebo zeleninového vývaru nebo 7,5 ml/1 ½ lžičky prášku z hnědé omáčky
300 ml/½ bodu/1 ¼ šálku vývaru, včetně šťávy z pečeného kuřete nebo krůty
Sůl a čerstvě mletý černý pepř

V míse nebo džbánu o objemu 900 ml/1 ½ bodu/3¾ šálku hladce promíchejte kukuřičnou mouku se studenou vodou. Rozdrobte v kostce bujónu nebo vmíchejte práškovou omáčku. Vmícháme vývar. Vařte odkryté 4–6 minut za stálého míchání každou minutu, dokud omáčka mírně nezhoustne. Před podáváním podle chuti okoříme.

Hustá omáčka na maso

Slouží 6

Připravte jako tenkou omáčku pro drůbež, ale použijte 30 ml/2 polévkové lžíce kukuřičné mouky (kukuřičný škrob) smíchané se 40 ml/2 ½ polévkové lžíce studené vody.

Krátká orientální omáčka

Podává 6–8

Kříženec indické a malajské omáčky, je to úžasný prostředek pro přidání chuti do zbytků studeného masa a klobás.

300 ml/10 fl oz/1 plechovka kondenzovaná smetana z celeru nebo houbová polévka
150 ml/¼ pt/2/3 šálku vroucí vody
30 ml/2 lžíce rajčatového protlaku (pasta)
15 ml/1 polévková lžíce jemné nebo horké kari pasty
1 stroužek česneku, rozdrcený
5 ml/1 lžička kurkumy
30 ml/2 lžíce ovocného chutney
15 ml/1 polévková lžíce křupavého arašídového másla
20 ml/4 lžičky sušeného (strouhaného) kokosu

Nalijte polévku do misky o objemu 1,25 litru/2¼ pt/5½ šálku s polovinou vody. Přidejte všechny zbývající ingredience kromě kokosu. Přikryjte talířem a zahřívejte na Full 4 minuty, každou minutu šlehejte.

Nechte 2 minuty odstát. Vmícháme zbylou vodu a kokos. Znovu zahřejte, odkryté na plný po dobu 1 minuty.

Arašídová omáčka na indonéský způsob

Podává 6–8

Na Dálném východě se tato omáčka podává přes rozmanitou studenou vařenou zeleninu, spíše jako dresink na salát, ale lze ji použít také jako štiplavou omáčku ke grilovaným jídlům a masu na jehlech.

15 ml/1 polévková lžíce kukuřičného oleje
2 cibule, nakrájené nadrobno
1 stroužek česneku, rozdrcený
350 g/12 oz/1½ šálku hladkého arašídového másla
10 ml/2 lžičky světle měkkého hnědého cukru
Šťáva z 1 malého citronu
600 ml/1 pt/2½ šálku vroucí vody
30 ml/2 polévkové lžíce hnědé stolní omáčky
Sůl a čerstvě mletý černý pepř

Nalijte olej do misky o objemu 1,25 litru/2¼ pt/5½ šálku. Zahřívejte na plný výkon po dobu 30 sekund. Vmícháme cibuli a česnek. Vařte bez pokličky na plný výkon 6 minut a třikrát promíchejte. Smíchejte arašídové máslo, cukr, citronovou šťávu a polovinu vody. Vařte odkryté 2–3 minuty na plný plyn, třikrát promíchejte, dokud omáčka nevypadá jako kaše. Vyjměte z mikrovlnné trouby. Omáčku zředíme rozšleháním zbývající vody, poté dochutíme hnědou omáčkou a solí a pepřem podle chuti.

Kreolská omáčka

Podává 6–8

Jazzová omáčka z Mississippi s barvami západu slunce a množstvím středomořské produkce. Hodí se k vejcím, drůbeži, hovězímu masu a dokonce tvoří vegetariánskou polevu na nadýchanou bramborovou kaši nebo rýži.

20 ml/4 lžičky kukuřičného oleje
1 velká cibule, nastrouhaná
1 stroužek česneku, rozdrcený
30 ml/2 polévkové lžíce vypeckovaných (vypeckovaných) zelených oliv, nasekaných
½ malé zelené papriky, zbavené semínek a nakrájené nadrobno
50 g žampionů, nakrájených
1 malý bobkový list
400 g/14 oz/1 velká plechovka nakrájených rajčat
15 ml/1 polévková lžíce nasekaných lístků bazalky
15 ml/1 polévková lžíce nasekané petrželky
10 ml/2 lžičky tmavě hnědého cukru
5 ml/1 lžička soli
5 ml/1 lžička Tabasco nebo jiné feferonkové omáčky
5 cm/2 palce proužek citronové kůry

Vložte olej, cibuli a česnek do misky o objemu 2 litry/3½ bodu/8½ šálku. Vařte bez pokličky na plný výkon 6 minut a třikrát promíchejte. Smíchejte olivy, zelený pepř a houby. Vařte odkryté 2 minuty na plný výkon. Vmíchejte všechny zbývající ingredience. Zakryjte potravinářskou fólií (igelitovou fólií) a dvakrát ji prořízněte, aby mohla unikat pára. Vařte na plný výkon po dobu 6–7 minut, třikrát otočte mísou, dokud nebude omáčka horká. Před použitím nechte 2 minuty odstát.

Rychlá kreolská omáčka

Podává 4–6

30 ml/2 polévkové lžíce sušených vloček papriky
300 ml/10 fl oz/1 plechovka kondenzovaná rajčatová polévka
75 ml/5 lžic vroucí vody
2,5 ml/½ lžičky sušeného oregana
5 ml/1 lžička světle měkkého hnědého cukru
5 ml/1 lžička worcesterské omáčky

Paprikové vločky zalijte vroucí vodou a nechte 3 minuty. Důkladně sceďte. Polévku a odměřenou vroucí vodu dejte do misky o objemu 1,25 litru/2¼ pt/5½ šálku a vyšlehejte do hladka. Vmíchejte zbývající ingredience. Zahřívejte, odkryté, na plný po dobu 4–5 minut, třikrát promíchejte, dokud nebude velmi horký.

Newburgská omáčka

Slouží 4

Tato grandiózní omáčka spojená především s humrem se stejně dobře hodí k mnoha dalším měkkýšům, zejména krabům.

25 g/1 oz/2 lžíce másla
1 malá cibule, nastrouhaná
30 ml/2 lžíce hladké (univerzální) mouky
300 ml/½ bodu/1¼ šálku jednoduché (světlé) smetany, zahřáté na vlažnou
3 žloutky
60 ml/4 polévkové lžíce suchého sherry nebo bílého portského
Sůl a čerstvě mletý černý pepř

V míse o objemu 900 ml/1½ bodu/3¾ šálku rozpusťte odkryté máslo po dobu 1 minuty. Přidejte cibuli a vařte odkryté 1 minutu na plný výkon, jednou promíchejte. Vmícháme mouku a odkryté vaříme na plný výkon 1 minutu. Postupně vmícháme smetanu. Vařte odkryté 4–4½ minuty, každou minutu šlehejte, dokud nezhoustne a nebude hladké. Vyšlehejte dohromady žloutky a sherry nebo portské. Přidáme do omáčky a dochutíme. Vraťte do mikrovlnné trouby a vařte odkryté v režimu rozmrazování 1–1½ minuty. Vyšleháme a podáváme.

Pikantní hnědá omáčka

Podává 4–6

Tato verze založená na klasické francouzské omáčce je cheatovou verzí, která trumfuje grilovaná (pečená) jídla a pečeně a staré rodinné přátele, jako jsou klobásy, ropucha v dírce a hovězí maso.

300 ml/10 fl oz/1 plechovka kondenzovaná polévka z hovězího oháňky
75 ml/5 lžic vroucí vody
15 ml/1 polévková lžíce nasekaných listů koriandru (koriandru).
15 ml/1 polévková lžíce nasekané petrželky
15 ml/1 polévková lžíce nasekaných kapar
15 ml/1 polévková lžíce nakrájených okurek (cornichons)
2,5 ml/½ lžičky sušených směsí bylinek
15 ml/1 polévková lžíce hnědé stolní omáčky
15 ml/1 polévková lžíce portu
Sůl a čerstvě mletý černý pepř

Vložte všechny ingredience do mísy o objemu 1,25 l/2¼ pt/5½ šálku a zahřívejte, odkryté, na plný výkon po dobu 5 minut, každou minutu šlehejte, dokud nebudou horké a hladké.

Pikantní omáčka s nakládanými ořechy

Podává 4–6

Připravte jako pikantní hnědou omáčku, ale kapary nahraďte 15 ml/1 polévkovou lžíci nasekaných nakládaných vlašských ořechů.

Portugalská omáčka

Slouží 6

Krásná chuť této čerstvé rajčatové omáčky dělá s lososem úžasné věci a také povzbudí pečené kuře a krůtu.

30 ml/2 lžíce olivového oleje
1 cibule, najemno nastrouhaná
2 plátky (plátky) prorostlé slaniny, nakrájené nadrobno
1–2 stroužky česneku, rozdrcené
1 malá mrkev, nastrouhaná
30 ml/2 lžíce hladké (univerzální) mouky
5 rajčat, blanšírovaných, oloupaných a nakrájených
45 ml/3 lžíce rajčatového protlaku (pasta)
150 ml/¼ pt/2/3 šálku vroucího masového nebo zeleninového vývaru
10 ml/2 lžičky nakládacího koření, svázané v kousku mušelínu
10 ml/2 lžičky tmavě hnědého cukru
5 ml/1 lžička soli
5 cm/2 v proužcích citronové kůry

10 ml/2 lžičky čerstvé citronové šťávy
Čerstvě mletý černý pepř

Vložte olej, cibuli, slaninu, česnek a mrkev do misky o objemu 2 litry/3½ bodu/8½ šálku. Vařte bez pokličky na plný výkon 4 minuty a dvakrát promíchejte. Vmícháme mouku a 1 minutu vaříme na plný plyn. Vmíchejte všechny zbývající ingredience, podle chuti přidejte pepř. Zakryjte potravinářskou fólií (igelitovou fólií) a dvakrát ji prořízněte, aby mohla unikat pára. Vařte na plný výkon 7 minut, dvakrát otočte. Nechte 3 minuty odstát. Přeceďte do čisté misky. Před podáváním přikryjeme talířem a 2–3 minuty zahříváme na plný výkon.

Rustikální rajčatová omáčka

Podává 4–6

30 ml/2 lžíce olivového oleje
1 cibule, velmi jemně nakrájená
2 řapíkatý celer nakrájený nadrobno
1 vyrážka (plátek) prorostlá slanina, nakrájená najemno
1 malá mrkev, nastrouhaná
1 stroužek česneku, rozdrcený
25 ml/1½ polévkové lžíce hladké (univerzální) mouky
400 g/14 oz/1 velká plechovka švestková rajčata, rozmačkaná
30 ml/2 lžíce rajčatového protlaku (pasta)
10 ml/2 lžičky tmavě hnědého cukru
1,5 ml/¼ lžičky strouhaného muškátového oříšku
2,5 ml/½ lžičky soli
150 ml/¼ pt/2/3 šálku vroucího vývaru nebo vody

Vložte olej do misky o objemu 2 litry/3½ bodu/8½ šálku. Vmícháme cibuli, celer, slaninu, mrkev a česnek. Vařte bez pokličky na plný plyn 4½ minuty a dvakrát promíchejte. Vmícháme mouku. Vařte odkryté 30 sekund na plný výkon. Přidejte všechny zbývající ingredience a důkladně promíchejte, aby se promíchaly. Částečně přikryjte talířem a vařte na plný výkon 7 minut, třikrát promíchejte. Nechte 2 minuty odstát.

Omáčka z krůtího kari na brambory v obalu

Slouží 6

15 ml/1 polévková lžíce kukuřičného oleje
2 cibule, nakrájené
20 ml/4 lžičky jemného, středního nebo horkého kari
350 g/12 oz/3 šálky mletého (mletého) krůtího masa
20 ml/4 lžičky hladké mouky
150 ml/¼ pt/2/3 šálku konzervovaného kokosového mléka
150 ml/¼ pt/2/3 šálku vody
30 ml/2 lžíce rajčatového protlaku (pasta)
15 ml/1 polévková lžíce ovocného chutney
5 ml/1 lžička soli
Šťáva z 1 limetky
30 ml/2 lžíce jablečné šťávy
150 ml/¼ pt/2/3 šálku hustého bílého jogurtu

Nalijte olej do misky o objemu 1,25 litru/2¼ pt/5½ šálku. Zahřívejte na plný výkon po dobu 30 sekund. Vmícháme cibuli a kari. Vařte bez pokličky na plný výkon 5 minut a třikrát promíchejte. Vmícháme krocana. Přikryjte talířem a vařte na plný 6 minut, třikrát až čtyřikrát promíchejte vidličkou, aby se krůta drolila. Smíchejte všechny zbývající ingredience kromě jogurtu. Zakryjte jako předtím a vařte na plný 4 minuty, dvakrát promíchejte. Nechte 4 minuty odstát. Lžící nakrájejte na dělené brambory v slupce a na každou přidejte kopeček hustého jogurtu.

Krůtí omáčka Tandoori na brambory v obalu

Slouží 6

Připravte jako omáčku z krůtího kari na brambory s obalem, ale kari nahraďte prášek tandoori.

Horká chilli omáčka z hovězího masa na brambory

Slouží 6

60 ml/4 polévkové lžíce kukuřičného nebo slunečnicového oleje
2 cibule, nakrájené
2 stroužky česneku, rozdrcené
350 g/12 oz/3 šálky libového mletého (mletého) hovězího masa
30 ml/2 lžíce hladké (univerzální) mouky
2,5–10 ml/½–2 lžičky chilli prášku
30 ml/2 lžíce rajčatového protlaku (pasta)
300 ml/½ bodu/1¼ šálku horké vody
5 ml/1 lžička soli
45 ml/3 polévkové lžíce suchého cideru

Nalijte olej do misky o objemu 1,25 litru/2¼ pt/5½ šálku. Vmícháme cibuli a česnek. Vařte bez pokličky na plný výkon 5 minut a dvakrát promíchejte. Vmícháme hovězí maso. Přikryjeme talířem a vaříme na Full 6 minut, třikrát až čtyřikrát promícháme vidličkou, aby se maso drolilo. Vmíchejte zbývající ingredience. Zakryjte potravinářskou fólií (igelitovou fólií) a dvakrát ji prořízněte, aby mohla unikat pára. Vařte na plný výkon po dobu 6 minut, dvakrát otočte, dokud nezačne bublat. Nechte 5 minut odstát. Zamíchejte a poté lžící nakrájejte na rozpůlené brambory.

Chop House Sauce

Slouží 4

Asertivní omáčka z edwardiánských časů na grilované kotlety, kuřecí maso a steaky. Trochu jde daleko, a proto jsou množství malá.

15 ml/1 polévková lžíce rajčatového kečupu (catsup)
5–10 ml/1–2 lžičky sardelové esence (extrakt)
5 ml/1 lžička anglické hořčice
15 ml/1 polévková lžíce vinného octa
45 ml/3 lžíce dvojité (těžké) smetany
2,5 ml/½ lžičky worcesterské omáčky
Špetka feferonkové omáčky

Vložte všechny ingredience do odměrky 600 ml/1 bod/2½ šálku. Zahřívejte, odkryté, na plný po dobu 1¼ – 1½ minuty, dvakrát míchejte, dokud nebude horký, ale ne vroucí. Použijte ihned.

Horká omáčka ze sýra a mrkve pro brambory v obalu

Slouží 4

Vegetariánská omáčka s temperamentním temperamentem.

25 g/1 oz/2 lžíce másla nebo margarínu
1 velká mrkev, nastrouhaná
30 ml/2 lžíce hladké (univerzální) mouky
300 ml/½ bodu/1¼ šálku ohřátého mléka
5 ml/1 lžička hořčičného prášku
1,5 ml/¼ lžičky kajenského pepře
Špetka mletého muškátového oříšku
2,5 ml/½ lžičky soli
2,5 ml/½ lžičky sušené majoránky
50 g/2 oz/½ šálku strouhaného sýra

Dejte máslo nebo margarín do misky o objemu 1,25 litru/2¼ pt/5½ šálku. Roztavte, odkryté, na rozmrazování po dobu 1 minuty. Vmícháme mrkev. Vařte bez pokličky na plný výkon 4 minuty a dvakrát promíchejte. Vmícháme mouku. Vařte odkryté 30 sekund na plný plyn a poté postupně vmíchejte ohřáté mléko. Vařte odkryté 4 minuty na plný výkon a každou minutu intenzivně míchejte. Vmíchejte zbývající ingredience. Vařte na plný výkon po dobu 30 sekund. Promícháme a lžící vložíme do rozpůlených brambor v slupce.

Basting omáčky

Natřete maso, drůbež a potraviny na grilu, baňky zvyšují zhnědnutí a vypadají chutněji. Přidávají také na chuti a lze je použít jako základ pro omáčky a slané omáčky.

Máslová bašta

Vyrobí asi 60 ml/4 polévkové lžíce

25 g/1 oz/2 lžíce másla nebo margarínu, při kuchyňské teplotě
15 ml/1 polévková lžíce rajčatového protlaku (pasta)
5 ml/1 lžička papriky
5 ml/1 lžička worcesterské omáčky
5 ml/1 lžička světle měkkého hnědého cukru

Máslo, odkryté, rozpusťte v rozmrazování po dobu 1–1½ minuty. Vmíchejte zbývající ingredience. Znovu zahřejte na rozmrazování po dobu 30 sekund a použijte podle potřeby.

Pikantní kari baste

Vyrobí asi 60 ml/4 polévkové lžíce

Připravte jako máslovou baštu, ale se zbývajícími přísadami vmíchejte 5 ml/1 lžičku jemného kari, 5 ml/1 lžičku hořčičného prášku, 2,5 ml/½ lžičky česnekové soli a špetku kurkumy.

Mexická Barbecue Baste Jalapeno

Slouží 6

Od této si nemůžete splést kopání na jih od hranic, které zpestří grilované vepřové a kuřecí maso jako nic jiného.

150 ml/¼ pt/2/3 šálku francouzského dresinku
45 ml/3 lžíce rajčatového kečupu (catsup)
15 ml/1 polévková lžíce sójové omáčky
15 ml/1 polévková lžíce worcesterové omáčky
15 ml/1 polévková lžíce omáčky jalapeno
15 ml/1 polévková lžíce čerstvé limetkové šťávy
2,5 ml/½ lžičky sušených směsí bylinek

Vložte všechny ingredience do misky o objemu 600 ml/1 pt/2½ šálku. Zakryjte talířkem a zahřívejte na plný 2½ minuty. Promícháme a použijeme na podlévání.

Rajčatová pomazánka

Vyrobí asi 60 ml/4 polévkové lžíce

Odtučněná bašta, ideální pro štíhlé a nízkotučné diety a také s bohatým masem, jako je vepřové, kachní a husí.

15 ml/1 polévková lžíce rajčatového protlaku (pasta)
5 ml/1 lžička anglické hořčice
5 ml/1 lžička sladového octa
5 ml/1 lžička worcesterské omáčky

Důkladně promíchejte všechny ingredience ve džbánu a zahřívejte, odkryté, na Full po dobu 10 sekund.

Krém holandský mixér na máslo

Podává 4–6

Svěží k jídlu a krém, který lze vyrobit, když vám dojde čerstvé nebo máte chuť na něco trochu jiného. Dá se vyšlehat do špiček jako šlehačka a rozplývat se nad horkým jídlem, jako je zmrzlina.

150 ml/¼ pt/2/3 šálku plnotučného mléka
150 g/5 oz/2/3 šálku holandského nesoleného (sladkého) másla

Nalijte mléko do misky. Nakrájejte na kousky másla. Zahřívejte, odkryté na plné po dobu 2½ minuty. Opatrně přeneste do mixéru a nechte stroj běžet 1 minutu. Vraťte do umyté a vysušené mísy, přikryjte a nechte 2–3 hodiny chladit. Lžící na pudinky nebo šlehačem dohladka, pokud chcete.

Holandský krém na máslo s vanilkou

Podává 4–6

Připravte jako holandský krém na máslo, ale do mléka a másla v mixéru přidejte 5 ml/1 lžičku vanilkové esence (extrakt).

Horká čokoládová omáčka

Slouží 6

Stará klasika na zmrzlinu, zmrzlinové poháry a profiteroly.

25 g/1 oz/2 lžíce másla
30 ml/2 polévkové lžíce světle měkkého hnědého cukru
30 ml/2 lžíce kakaového (neslazeného čokoládového) prášku
30 ml/2 polévkové lžíce zlatého (světle kukuřičného) sirupu
30 ml/2 polévkové lžíce jednoduché (světlé) smetany
5 ml/1 lžička vanilkové esence (extrakt)

Vložte máslo do misky o objemu 600 ml/1 pt/2½ šálku. Roztavte, odkryté, na plný po dobu 1 minuty. Důkladně vmíchejte všechny zbývající ingredience. Vařte odkryté v rozmrazovacím režimu po dobu 5 minut a každou minutu míchejte, dokud není omáčka hladká a horká.

Mocha omáčka

Slouží 6

Připravte jako horkou čokoládovou omáčku, ale před zahřátím přidejte 20 ml/4 lžičky instantní kávy v prášku nebo granulích.

Horká čokoláda a pomerančová omáčka

Slouží 6

Připravte jako na horkou čokoládovou omáčku, ale po uvaření vmíchejte 10 ml/2 lžičky jemně nastrouhané pomerančové kůry.

Horká čokoláda mátová omáčka

Slouží 6

Připravte jako omáčku Hot Chocolate, ale po uvaření přidejte pár kapek mátové esence (extraktu).

Malinový Coulis

Podává 6–8

Čirá – téměř sklovitá – brilantní červená omáčka, kterou kuchaři milují pro její ohromující efekt.

350 g/12 oz/3 šálky čerstvých malin
45 ml/3 polévkové lžíce moučkového (velmi jemného) cukru
15 ml/1 polévková lžíce kukuřičné mouky (kukuřičný škrob)
75 ml/5 lžic studené vody
5 ml/1 lžička vanilkové esence (extrakt)
5 ml/1 lžička citronové šťávy

Maliny pečlivě opláchněte, vložte do kuchyňského robotu nebo mixéru a zpracujte na kaši. Přeceďte přes jemné síto (cedník), abyste odstranili semínka. Přeneste do misky 900 ml/1½ bodu/¾ šálku s cukrem.

Kukuřičnou mouku rozmixujte dohladka s vodou. Přidejte do pyré v misce. Vařte odkryté 2½–3½ minuty, prošlehejte každých 30 sekund, dokud směs nezhoustne a není čirá a jemně bublá. Vmíchejte vanilku a citronovou šťávu a použijte studené.

Letní ovocné coulis

Podává 6–8

Připravte jako Malinový Coulis, ale maliny nahraďte směsí letního ovoce.

Meruňkový Coulis

Podává 6–8

450 g/1 lb vypeckovaných meruněk
200 ml/7 fl oz/nedostatek 1 šálek studené vody
60–75 ml/4–5 lžic moučkového (velmi jemného) cukru
15 ml/1 polévková lžíce kukuřičné mouky (kukuřičný škrob)
5 ml/1 lžička vanilkové esence (extrakt)
5 ml/1 lžička citronové šťávy

Vložte meruňky do misky s 60 ml/4 polévkové lžíce vody. Zakryjte potravinářskou fólií (igelitovou fólií) a dvakrát ji prořízněte, aby mohla unikat pára. Vařte na plný výkon 8–9 minut, dokud ovoce nezměkne. Přendejte do kuchyňského robota nebo mixéru a zpracujte na kaši s dalšími 60 ml/4 lžícemi vody. Přeneste do misky 900 ml/1½ bodu/3¾ šálku s cukrem. Kukuřičnou mouku rozmixujte dohladka se zbylou vodou. Přidejte do pyré v misce. Vařte odkryté 2½–3½ minuty, prošlehejte každých 30 sekund, dokud směs nezhoustne a není čirá a jemně bublá. Vmíchejte vanilku a citronovou šťávu a použijte studené.

Domácí karamelová omáčka

Slouží 4

50 g/2 oz/¼ šálku tmavě měkkého hnědého cukru
30 ml/2 polévkové lžíce studené vody
15 ml/1 polévková lžíce vroucí vody

Cukr a studenou vodu dejte do odměrky nebo misky. Vařte odkryté 2 minuty na plný plyn do varu a pečlivě sledujte, zda se nezačne připalovat. Vyjmeme z mikrovlnky a vmícháme vroucí vodu. Používejte horké jako zmrzlinu nebo na krémový karamel.

Vaječná pudinková omáčka

Podává 4–6

Zlatavá, zářící omáčka, blaženost nad sladkostmi, jako je letní ovocná forma, dušené pudinky, dušené ovoce, dokonce i maličkosti.

600 ml/1 bod/2½ šálku plnotučného mléka nebo poloviny mléka a poloviny jednoduché (lehké) smetany
10 ml/2 lžičky kukuřičné mouky (kukuřičný škrob)
15 ml/1 polévková lžíce studené vody
4 velká vejce
45 ml/3 polévkové lžíce moučkového (velmi jemného) cukru
5 ml/1 lžička vanilkové esence (extrakt)

Nalijte mléko do odměrky o objemu 1,25 litru/2¼ bodu/5½ šálku a zahřívejte, odkryté, na plnou po dobu 2 minut. Vložte mouku do mísy o objemu 1,25 litru/2¼ pt/5½ šálku a hladce promíchejte s vodou. Rozklepněte vejce, poté přidejte cukr. Vyšlehejte do hladka, poté postupně vmíchejte horké mléko. Vařte bez pokličky na plnou 5–5½ minuty, každou minutu šlehejte, dokud se omáčka nepřichytí na špachtli nebo vařečku použitou ke šlehání. Vmícháme vanilkovou esenci.

Ochucená vaječná pudinková omáčka

Podává 4–6

Připravte jako vaječnou pudinkovou omáčku, ale vanilkovou esenci nahraďte rumem, sherry, mandlovou nebo růžovou esenci (extrakt).

Citronový nebo pomerančový pudink

Podává 4–6

Připravte jako vaječnou pudinkovou omáčku, ale nahraďte vanilkovou esenci 10 ml/2 lžičky jemně nastrouhané pomerančové nebo citronové kůry.

Brandy omáčka

Slouží 4

Tradičně se podává na vánočním pudinku, také na mleté koláče.

25 g/1 oz/2 lžíce másla nebo margarínu
30 ml/2 lžíce hladké (univerzální) mouky
300 ml/½ bodu/1¼ šálku ohřátého mléka
25–30 ml/1½–2 lžíce moučkového (velmi jemného) cukru
25–30 ml/1½–2 lžíce brandy

Vložte máslo nebo margarín do misky o objemu 900 ml/1½ bodu/3¾ šálku. Roztavte, odkryté, na rozmrazování po dobu 30–45 sekund. Vmícháme mouku. Vařte na plný výkon po dobu 30 sekund. Postupně vmícháme mléko. Vařte odkryté 4–5 minut na plný výkon a každou minutu prošlehejte, dokud nezhoustne a nebude hladké. Vmícháme cukr a odkryté vaříme na plný výkon 30 sekund. Vmíchejte brandy a podávejte.

Rumová omáčka

Slouží 4

Připravte jako brandy omáčku, ale brandy nahraďte rumem.

Pomerančová omáčka

Slouží 4

Nepolapitelně vonící omáčka pro jakýkoli druh lehkého dušeného pudinku.

Připravte jako brandy omáčku, ale přidejte 5 ml/1 lžičku jemně nastrouhané pomerančové kůry s moukou a brandy nahraďte 15 ml/1 lžičkou vody z pomerančových květů.

Lepkavá toffee omáčka

Slouží 4

Je to rajská omáčka pro jakýkoli druh zmrzlinového poháru.

50 g/2 oz/¼ šálku másla
40 g světle měkkého hnědého cukru
50 g/2 oz marshmallows
15 ml/1 polévková lžíce mléka

Všechny ingredience dejte do misky o objemu 1,75 l/3 body/7½ šálku (velká velikost je nutná, protože směs při vaření kyne). Roztavte, odkryté, na rozmrazování po dobu 2 minut. Důkladně promíchejte. Zahřívejte na plný výkon další 2½ minuty a třikrát opatrně promíchejte. Použijte ihned, protože tato omáčka rychle tuhne.

Omáčka z čerstvých malin

Slouží 4

Svěží a voňavá, vynikající letní omáčka k pohárům na bázi nektarinek nebo broskví a vanilkové zmrzliny.

10 ml/2 lžičky kukuřičné mouky (kukuřičný škrob)
150 ml/¼ pt/2/3 šálku jednoduché (světlé) smetany
30 ml/2 lžíce moučkového (velmi jemného) cukru
225 g/8 oz/2 šálky čerstvých malin, pečlivě opláchnuté
15 ml/1 polévková lžíce třešňové brandy

Kukuřičnou mouku dejte do misky o objemu 1,5 litru/2½ bodu/6 šálků a hladce promíchejte s trochou smetany. Vmíchejte zbývající smetanu s cukrem a polovinou malin. Vařte odkryté 4 minuty na plný plyn a každou minutu míchejte. Přidejte zbývající maliny s višňovou pálenkou. Podávejte teplé.

Čokoládová omáčka s medem a rozinkami

Podává 6–8

Báječné ke kávové zmrzlině nebo pomerančovému sorbetu.

50 g/2 oz/1/3 šálku rozinek

15 ml/1 polévková lžíce vroucí vody

100 g hladké (polosladké) čokolády

25 g/1 oz/2 lžíce másla

30 ml/2 polévkové lžíce jednoduché (světlé) smetany

30 ml/2 lžíce hustého medu

5 ml/1 lžička vanilkové esence (extrakt)

Rozinky namočte do vroucí vody. Čokoládu nalámejte a dejte do malé misky s máslem. Roztavte, odkryté, na rozmrazování asi 3½ minuty. Vmíchejte smetanu, med a vanilku. Zahřívejte, odkryté, na plný po dobu 30–40 sekund. Rozinky sceďte a vmíchejte.

www.ingramcontent.com/pod-product-compliance
Lightning Source LLC
Chambersburg PA
CBHW070411120526